EDUARDO MENDICUTTI

Nació en Sanlúcar de Barrameda, Cádiz, en 1948. Se traslada en 1972 a Madrid, donde obtiene el título de periodismo y se gana la vida haciendo crítica literaria y colaborando en distintos periódicos y revistas. Su primera novela, *Cenizas,* aparece en 1974. Además de ***El palomo cojo,*** **Tusquets Editores** ha publicado de este autor las novelas: ***Siete contra Georgia*** (La Sonrisa Vertical 54), ***Una mala noche la tiene cualquiera*** (La Flauta Mágica 14 y Fábula 20), ***Tiempos mejores*** (La Flauta Mágica 18 y Fábula 81), ***Última conversación*** (La Flauta Mágica 27), ***Los novios búlgaros, Yo no tengo la culpa de haber nacido tan sexy*** y, la más reciente, ***El beso del cosaco*** (Andanzas 203, 313 y 401, así como el volumen de relatos ***Fuego de marzo*** (Andanzas 254 y Fábula 137). Algunas de sus obras han sido traducidas a varios idiomas.

Libros de Eduardo Mendicutti en Tusquets Editores

ANDANZAS

El palomo cojo

Los novios búlgaros

Fuego de marzo

Yo no tengo la culpa
de haber nacido tan sexy

El beso del cosaco

SONRISA VERTICAL

Siete contra Georgia

FLAUTA MÁGICA

Una mala noche la tiene cualquiera

Tiempos mejores

Última conversación

FÁBULA

Una mala noche la tiene cualquiera

Tiempos mejores

Fuego de marzo

El palomo cojo

Eduardo Mendicutti

El palomo cojo

FABULA
TUSQUETS
EDITORES

1.ª edición en colección Andanzas: mayo 1991
6.ª edición en colección Andanzas: octubre 1995
1.ª edición en Fábula: abril 2001

Diseño de la colección: Pierluigi Cerri

Ilustración de la cubierta: detalle de una ilustración de
Kent Williams, ganadora en 1987 de una medalla de plata
en la exposición anual de The Society of Illustrators de Estados
Unidos con sede en Nueva York.
www.tusquets-editores.es

ISBN: 84-8310-743-0
Depósito legal: B. 9.678-2001

Impresión y encuadernación: GRAFOS, S.A. Arte sobre papel
Sector C, Calle D, n.º 36, Zona Franca - 08040 Barcelona
Impreso en España

Indice

Junio

Julio

Agosto

Allí donde toques la memoria duele.

Yorgos Seferis

Todas las familias dichosas se parecen, y las desgraciadas lo son cada una a su manera.

León Tolstoi

Junio

La destemplanza

Mi padre apreciaba mucho la belleza masculina. Por eso se casó con mamá.

Mi madre era muy femenina y tenía un estilo tremendo, pero en mi casa se hacía siempre lo que decía ella, y mi padre se lo tomaba a broma y decía tu madre es la que lleva aquí los pantalones. Por eso, cuando yo me puse malo, mi madre lo organizó todo y mi padre dijo amén.

Y es que el médico había dicho que tenía que quedarme en cama y no darme trajín, que la fiebre seguramente me duraría algún tiempo y que necesitaba mucho reposo, mucho cuidado con la humedad y con las corrientes, muchas vitaminas, mucho líquido, una inyección diaria y, sobre todo, tranquilidad. Repitió un sinfín de veces lo de la tranquilidad y mi madre dijo:

—Este niño, siempre tan oportuno.

Cuando el médico se fue, mi madre me miró como si yo tuviese la culpa de haberme puesto malo, y después se pasó días enteros quejándose:

—Qué desavío, por Dios, ahora que el verano ya está encima.

A mí nunca me dijeron el nombre de mi enfermedad, de modo que acabé pensando que sería una enfermedad fea, sucia, de las que cogían los chiquillos de la calle, y que por eso mi madre me miraba así. Pero yo sólo había sentido de pronto, mientras jugaba en el patio, un picotazo fuerte en la espalda, por dentro, entre las costillas, y me quedé doblado, sin poder respirar, sin poder moverme. Me encogí como si estuvieran a punto de darme una paliza, y sentía un dolor tan fuerte que no era capaz de pensar en otra cosa, tenía todo el aire como atrancado en el pecho y me asfixiaba y no podía hablar. Manolín y Diego, que estaban jugando conmigo, también se quedaron muy quietos, asustados, sin saber qué hacer. Sólo al cabo de un rato, que a mí me pareció una eternidad, Diego empezó a gritar llamando a mi madre, y no bajó mi madre sino Antonia, la niñera. Mi madre no estaba, se había ido a jugar a la canasta con las Caballero –tres hermanas de treinta años por lo menos, solteras, que vivían en una casa estupenda, al final de la calle, y no se casaban porque no encontraban hombres de su categoría, según decía mi madre, con mucho retintín–, así que Antonia me metió en la cama y me entraron unas fiebres altísimas y ya empezó todo el guirigay del médico, el practicante, las visitas, las llamadas del hermano Gerardo diciendo que toda la clase rezaba por mí.

Durante una semana estuve con muchísima calentura. Me pasaba los días como adormilado, como si me hubieran dado un narcótico –cuando me hablaban, era como si todos estuvieran muy lejos y no pudieran hacer nada por ayudarme–, pero no puedo acordarme bien de cómo me sentía de veras, porque creo que no me sentía de ningún modo. Quiero decir que no me daba cuenta. Ni siquiera recuerdo las pesadillas, y eso que Antonia, después, me dijo que casi todas las noches deliraba y decía cosas rarísimas, ardiendo de fiebre. Eso me dijo Antonia, que era quien se quedaba conmigo por las noches.

Menos mal que duró sólo una semana. Después, empecé a sentirme mejor y el médico dijo que lo grave ya había pasado. Poco a poco me fue bajando la fiebre y se me fue quitando el dolor de la espalda, y ya podía respirar sin que el pecho me crujiera todo el rato, aunque lo cierto es que aquellos crujidos tardaron bastante en irse por completo; cuando menos lo esperaba, incluso estando ya en casa de mis abuelos, los oía de pronto, al respirar, y entonces me asustaba mucho, porque era como si estuviesen advirtiéndome que no me curaría nunca. Pero la fiebre alta se me quitó casi por completo. Sólo algunos días, al atardecer, me subía un poco la temperatura y José Joaquín García Vela, el médico, decía que eso era normal, hasta cierto punto —yo me di cuenta de que cada vez que me ocurría se preocupaba un poco, aunque intentaba disimularlo—, dijo que la destemplanza es siempre muy latosa y que era fundamental cuidarse mucho.

—La destemplanza puede durar todo el verano, y más si no se cuida.

Y es que las décimas no había forma de quitármelas. Me ponían el termómetro en la ingle —que, según Antonia, es donde deben ponerse el termómetro los hombres; en la boca sólo se lo ponen los niños chicos y las mujeres, en el sobaco los carreteros, y en el culo los mariquitas— y siempre tenía algo. Treinta y siete tres, o treinta y siete y medio, o treinta y siete raspado. Siempre algo.

—Esto sí que tiene guasa —decía el médico, con mucha seriedad y dando muchísimas cabezadas, poniendo cara de mucha preocupación, no porque yo fuera a palmarla de eso, claro, sino por si todos pensábamos que él como médico era un manta y un negado.

La verdad es que la destemplanza no era una cosa del todo desagradable. Yo sentía un calorcillo muy especial y un cosquilleo suavecito en los cachetes y me entraban flojera y ganas de quedarme adormilado, pero sólo eso, sólo un poco de galbana y dejadez. Con destemplanza, en la cama se estaba bien, no como cuando uno tiene fiebre alta, que está todo el rato temblando y sudando a mares, o cuando no tiene nada y resulta aburridísimo. Yo creo que con destemplanza a uno le pueden pasar las cosas más alegres o más tristes y es como si le pasaran a otro.

Claro que la destemplanza no lo era todo. Encima, y después de miles de análisis y radiografías, resultó que también tenía anemia y que estaba deshidratado y no sé cuantísimas cosas más. Como dijo Antonia, estaba hecho un escarque. El coche de mi padre, que era viejísimo, también estaba hecho un escarque, y lo mismo mi bicicleta, que era del año de Matusalén. Un desastre, si se tiene en cuenta que éramos de buena familia. Sin embargo, como decía mi tía Emilia, la hermana de mi padre, cuando iba por casa y lo veía todo tan desastrado, lo importante era tener buena salud y el médico, seguro que para tranquilizarme, me explicó que estaba creciendo mucho, muy deprisa y demasiado pronto —que no era normal tener diez años y estar tan alto como yo estaba— y que necesitaba mucho reposo y comer bien y no andarme con ningún jaleo, ni siquiera de estudios.

Ya era casi verano y tuve que perder el curso. El médico dijo que ni pensar en los exámenes, que lo primero era la salud, y que, por supuesto, nada de excursiones a las dunas, nada de juegos, nada de playa. Sólo estarme en la cama quietecito, pensando en ponerme bien.

Así que mi madre se pasaba de la mañana a la noche refunfuñando y diciendo qué desavío, por Dios, este niño tan antipático como siempre. Se lo decía a todo el mundo y le importaba un pito que yo lo oyese. A mí al principio me dolía un poco, porque, ya digo, era como si para ella yo tuviese la culpa de haberme puesto malo; después me acostumbré y casi no me importaba, sobre todo cuando tenía décimas y me daba por pensar que era un hermano mío el que estaba fastidiando tantísimo a mi madre. Ella venga a rajar y a hacer morisquetas cada vez que me ponía el termómetro y se daba cuenta de que las décimas no se me iban, y yo como si oyese llover.

Y eso que en el fondo hay que reconocer que mi madre tenía un poco de razón. Aquello era un engorro para todos. Todo el mundo tendría que estar el verano entero pendiente de mí porque, según el médico, no podía levantarme, pero en realidad sin que yo estuviese malo de veras. No malo de morir, ni muchísimo menos. Sólo estaba un poquillo averiado —una pizquita mustio, como decía Antonia— y me pasaba el día en cama leyendo o pintando vírgenes, que era lo único que me salía bien, y, si me aburría mucho, me liaba a pensar en cosas estupendas que me gustaría ser cuando fuera mayor. Por ejemplo, artista de cine.

—Este tiene más cuento que Calleja —decía mi hermano Manolín, que nunca tuvo mucha imaginación y repetía siempre lo que decía todo el mundo, y además estaba convencido de que era la mar de gracioso. Entonces Manolín tenía nueve años, pero con el tiempo no ha cambiado lo más mínimo.

A Manolín y a Diego, que entonces era muy chico pero ya más listo que Briján, les dieron las vacaciones en seguida y aquello sí que fue un drama. Como Antonia tenía que llevárselos a las dunas, porque si se quedaban en casa todo el santo día se ponían de lo más cafres, a mi madre no le quedaba más remedio que estarse conmigo y no podía ir a casa de las Caballero a jugar a la canasta y a ponerse morada de chismorrear. Estaba de un humor de perros. De modo que, a las tres semanas de estar yo convaleciente, y como el médico seguía encasquillado en que de la cama no podía moverme, un día mi madre se puso medio histérica y decidió, de buenas a primeras, que en casa de los abuelos yo estaría muchísimo mejor, la mar de bien atendido y ella más tranquila —y con las tardes libres, naturalmente—, y a la abuela además le serviría de entretenimiento el tener que ocuparse de mí, porque seguro que la pobre se sentía muy sola desde que tía Blanca se había casado.

Por lo visto, a todo el mundo le pareció una idea estupenda, pero a mí ni me consultaron. Mi madre sólo me dijo:

—Mañana te llevaremos a casa de los abuelos para que pases allí todo el verano.

La mejor casa del Barrio Alto

La casa de mis abuelos era grandísima y de mucho postín. Estaba en el Barrio Alto, al final de la Cuesta Belén, y desde la última azotea se veía el pueblo entero, los campanarios de todas las iglesias, los tejados de todas las bodegas, con los nombres de las buenas familias pintados en letras grandísimas; si tu apellido no aparecía en ninguna tapia ni en ningún tejado de alguna bodega, entonces tú no eras de familia bien, eso seguro. También se veía el Castillo de Santiago y, al fondo, entre las casas del Barrio Bajo, la desembocadura del Guadalquivir y el mar como un bizcocho azul que se esponjaba o se afilaba según iban y venían las mareas.

Justo enfrente de la casa de mis abuelos estaba el palacio de los infantes de Orleans, que no aparecían por allí casi nunca, al menos que yo recuerde; al final parece que preferían El Botánico, otro palacio con un parque inmenso, a la entrada del pueblo, y que todo el mundo decía que era precioso. Mi tía Emilia, la hermana de mi padre, antes iba muchísimo a las fiestas de la infanta doña Beatriz, porque mi tía Emilia siempre fue la mar de elegante, una cosa mala, y yo creo que con eso compensaba un poquito el que su primer apellido, que es el mío, aunque sonoro y original, no apareciera ni por casualidad pintado en la tapia o en el tejado de ninguna bodega. Luego, doña Beatriz se murió y en el pueblo le hicieron unos funerales divinos, muchísimo mejores que los que por lo visto le hicieron en Madrid, y desde entonces ya casi no había fiestas en El Botánico ni en el palacio del Barrio Alto y, si las daban, porque alguno de los hijos de la infanta se empeñase, ya no eran como en los buenos tiempos. Eso decía mi tía Emilia, con muchísima tristeza.

Cuando mi padre y mi madre se casaron —antes de que fueran mi padre y mi madre, claro—, mi tía Emilia consiguió que los infantes los invitaran una tarde a merendar, y mi madre siempre que lo contaba ponía cara de mucho pitorreo. Yo creo que, en el fondo, mi madre siempre ha pensado que una Calderón es por lo menos tanto como una Orleans, sobre todo desde que en España se proclamó la república y más en el pueblo, donde los Calderón Lebert siempre tuvieron mucha categoría. Cuando era joven, a mi madre le encantaba bromear con esas cosas y mi tía Emilia se horrorizaba, decía que era como un sacrilegio.

—A Emilia lo que le pasa —decía mi madre, chufleándose— es que tiene complejo porque ha vivido siempre en el Barrio Bajo. Yo comprendo que es una cosa que no se puede remediar.

A cuenta de eso, mi tía Emilia se llevaba unos sofocones espantosos. Mi tío Ramón, el hermano más joven de mi madre y el balarrasa de la familia, también se metía con la pobre tía Emilia en cuanto se encartaba y le decía que en aquel pueblo la gente bien había vivido siempre en el Barrio Alto, que el Barrio Bajo era para gente de medio pelo, por mucho pisto que se diera, y para los marineros de la calle Barrameda. Tía Emilia entonces se ponía hasta colorada y decía que tío Ramón era un cafre y un balaperdida, pero que tenía mucho encanto y mucho caché.

Toda la familia Calderón Lebert tenía un caché despampanante, según mi tía Emilia, y estaba en la gloria de haber emparentado con ella. Se pasaba media vida de visiteo en casa de mis abuelos, una casa que, como ya he dicho, además de estar en el Barrio Alto, era enorme y de mucha categoría, aunque por fuera no lo pareciese tanto; en realidad, los Calderón Lebert siempre han sido muy especiales y nunca se han dedicado a presumir de lo que hayan podido tener ni de llevar un apellido con mucha solera, un apellido pintado con letras gigantes en las tapias de todas las bodegas de la familia. Nunca han presumido de nada de eso, excepto, quizás, mi madre y mi tía Blanca cuando eran jóvenes y se ajumaban un poco en el Chin-Pún.

En casa de mis abuelos había un patio grande y húmedo, todo de mármol, con un pozo en el centro, también de mármol, precioso, y helechos gigantes en grandes macetones junto a las columnas. El patio tenía eco y una luz rara; si uno se quedaba allí un ratito, a la hora que fuese, y se paraba a pensarlo, siempre parecía que estaba a punto de anochecer. A mí no me gustaba mucho el patio, sin saber muy bien por qué, a lo mejor por culpa de aquel eco y de aquella penumbra perpetua que hacía que uno se sintiera como mareado, y prefería mil veces cualquiera de las azoteas de la casa, desde las que se podía ver todo el pueblo y donde uno no podía comprender, con aquella luz tan rabiosa y tan tirante, que alguna vez pudiera hacerse de noche. Sobre todo en verano. En invierno, cuando íbamos a ver a los abuelos, casi siempre los domingos por la tarde, volvíamos pronto a casa y mi prima Rocío aprovechaba para presumir porque a ella la dejaban siempre quedarse hasta las tantas. Mi prima Rocío era hija única de mi tío Esteban, el hermano mayor de mi madre, y nació el mismo día que yo pero cuatro horas antes, lo que le servía para mortificarme continuamente. Era una redicha y presumía sin ningún fundamento de montones de cosas, aunque tengo que reconocer que lo del mirador era algo que me traía por la calle de la amargura. El mirador era una habitación enorme y destartalada que había junto a la azotea del último piso y, en invierno, algunas tardes de domingo, cuando llovía, nos dejaban meternos allí porque era donde dábamos menos lata. En el mirador se amontonaban muebles viejísimos, cacharros que no se sabía bien qué eran ni para qué servían, baúles llenos de ropa de los tiempos de maricastaña y una misteriosa colección de polvorientos retratos al óleo, retratos que a mí me parecían de mucha alcurnia —tía Emilia me había enseñado esa palabra que me encantaba— y yo no acababa de entender por qué todas las habitaciones y galerías de la casa no tenían las paredes llenas de aquellos señores y señoras tan aparentes. Alguna vez se lo pregunté a mi madre y ella entonces sólo sabía decir ay por Dios con muchos aspavientos, como si le diesen grima los retratos. Mi prima Rocío, que siempre fue muy novelera, me juró que ella conocía el secreto, porque de algo tenía que servir el poder quedarse en casa de los abuelos, en invierno, cuando se hacía de noche. Rocío me explicó que todos aquellos hombres y mujeres de los cuadros eran antepasados nuestros y que se pasaban las noches gimiendo y charlando entre ellos como descosidos.

—Se quejan de las penas del purgatorio —me dijo—, y piden oraciones y misas en tal cantidad que toda nuestra familia junta no podría encargarlas porque nos arruinaríamos. Así que no hubo más remedio que encerrarlos en el mirador. Pero si te quedaras aquí alguna noche, ya verías cómo se escuchan sus súplicas y lamentos por toda la casa.

De modo que, cuando mi madre se puso farruca y me dijo mañana te llevaremos a casa de los abuelos para que pases allí el verano, yo lo primero que pensé, la verdad, fue que por fin iba a poder oír a aquellas almas del purgatorio pidiendo misas, poniendo como un trapo a toda la familia Calderón Lebert, que no estaba dispuesta a gastarse un real en la salvación eterna de sus antepasados, y a lo mejor hasta diciendo palabrotas. A Rocío le iban a dar las siete cosas cuando lo supiera, porque yo podría escucharlo todo durante toda la noche, y no como ella, sólo durante un rato.

Como cualquiera puede comprender por lo que llevo dicho, la casa de mis abuelos no era una casa corriente, y eso que no he hecho más que empezar. La Mary, la muchacha del cuerpo de casa, me dijo que aquello era un pangelingua con tomate. Yo le pregunté qué significaba pangelingua y ella me dijo que ni idea y que además le sudaba el chocho lo que significase, pero que a ella le sonaba a barullo del copón y que por eso lo decía. La Mary hablaba así todo el tiempo. Ella decía que aquella casa la estaba poniendo mal de los nervios y que con los nervios desatados se le iba la lengua, y yo no sé si sería para tanto, pero la verdad es que lo que pasaba allí seguro que no pasaba en ningún otro sitio.

Estaba, por ejemplo, aquel olor, un olor que yo no he vuelto a encontrar en ningún lado. Era un olor espeso, dulzón y un poquito empalagoso; un olor que te acompañaba a todas partes, pero que no era igual en unos cuartos que en otros, era más fuerte o más suave según en qué habitaciones, como si fuera un olor inteligente y bien educado y supiera lo que convenía a cada lugar y en cada momento. Muchas tardes de las que íbamos a visitar a los abuelos me entretenía descubriendo el olor de cada cuarto, de cada mueble, de las cortinas del comedor o de los cojines de las butacas y mecedoras del gabinete donde mi abuela, mi madre, mis tías y las señoras que iban a diario merendaban, hacían punto o crochet y jugaban a las cartas. Para mí era como descubrirle el alma a cada habitación, y hasta tocársela un poco y hundir en ella los dedos suavemente, como en el vientre de la perra Yoli cuando estaba esperando crías.

También la luz en aquella casa era algo especial, sin comparación con la que había en nuestro piso o en otras casas que yo conocía. La luz era medio verdosa y parecía que uno se podía acostar en ella. Era más clara la que entraba por los cierros que daban a la calle Caballero y al palacio de los infantes, más amarilla y como rizándose un poco la que venía de la callejuela del Monte de Piedad, más de color naranja la que iba metiéndose en las alcobas desde las azoteas del primer piso, deslizándose como una gran serpiente adormilada entre las enredaderas y las persianas de color marfil. Era una luz que, misteriosamente, siempre dejaba un poco de resplandor, hasta cuando se hacía de noche, como si comprendiera que, aunque el mundo esté hecho como está, en aquella casa hacía falta un poquito de claridad de madrugada.

Y es que de noche, en casa de mis abuelos, seguían pasando cosas como si nada, como si fuera peligroso el que todo se quedara quietecito y en silencio. Por una parte, estaba aquella cháchara de nuestros antepasados del mirador y, por otra, el trajín interminable de tío Ricardo. Tío Ricardo era el hijo menor de la bisabuela Carmen, mucho más joven que mi abuelo y que tío Antonio y tía Victoria. Tío Ricardo estuvo siempre como una cabra, pero llevaba todas sus manías con mucha dignidad y desenvoltura. Sólo salía de noche de sus habitaciones del piso bajo, siempre llevaba el pijama puesto y nunca comprendía cómo los demás podían hacer tantas cosas seguidas sin aturrullarse. El tenía que hacerlo todo con una grandísima parsimonia, de manera que se le echaba el tiempo encima y no había forma de que viviese al ritmo de todo el mundo. Así que, por ejemplo, desayunaba a las siete de la tarde, almorzaba —con un poco de suerte— a media noche, tocaba la campanilla pidiendo la merienda justo con el amanecer y cenaba rayando el mediodía; a partir de ahí, empezaba de nuevo a acumular retrasos y a encajar en horas rarísimas las comidas, el churreteo de su aseo personal —mucha gárgara y mucho purgante para estar impecable por dentro, pero de lo de fuera se olvidaba durante meses y daba penita verlo—, los intentos inútiles de las criadas por arreglar un poco su alcoba, su vestidor y su gabinete, y sus paseos perfectamente cronometrados hasta la playa de Valdelagrana, en El Puerto, siempre en coches de alquiler con chófer que se pasaban horas aparcados frente a la casa y salían por un dineral.

—Pero el dinero es suyo y se lo gasta como le sale del regaliz —decía la Mary—. Bien que hace.

De todas formas, cualquiera podía comprender que organizarse todo aquel jubileo, y encima cuidar a sus palomas —porque tío Ricardo criaba palomas y hacía con ellas cosas de mucho mérito—, tenía que resultar espantoso, y así se pasaba el pobre todo el rato diciendo ojú qué lío, ojú qué lío.

La verdad es que yo no veía mucho a tío Ricardo atareado con las palomas y haciendo con ellas las habilidades tan increíbles que la Mary me juraba que le había visto hacer. Decía la Mary que tío Ricardo ponía a las palomas de lado, pero siempre mirando hacia el mismo sitio, hacia el campanario de la Parroquial, y que les enseñaba fotos, dibujos, les hacía morisquetas, les hablaba con los dedos como si fueran sordomudas y estuviera amaestrándolas. Las palomas más espabiladas eran capaces, según la Mary, de reconocer a una persona si tío Ricardo antes les había enseñado su foto con la suficiente paciencia y cabezonería, pero yo nunca me lo creí del todo. En realidad, ya digo, a tío Ricardo era difícil encontrarle dos días en el mismo sitio a la misma hora, y, pensándolo bien, era rarísimo que las palomas pudieran seguirle y obedecerle, por poco que fuera, en aquel desbarajuste. La Mary, como estaba todo el día zascandileando, andaba más al tanto de los progresos asombrosos de tío Ricardo con las palomas y decía que a veces se tenía que pellizcar para creer lo que estaba viendo, porque se quedaba zurumbática perdida. Yo sólo veía las palomas revoloteando por el patio y las azoteas y escuchaba, eso sí, aquel zureo que llenaba la casa de un runrún como un hervor de murmuraciones.

Una tarde, poco antes de aquel verano que pasé convaleciente y medio tarumba por culpa de la destemplanza y de las cosas que me pasaron en casa de mis abuelos, me fijé en una paloma que se paseaba, con un movimiento raro y como melindroso, por el pretil de la azotea chica y no sé por qué —a lo mejor porque había hecho uno de aquellos días nublados que ya de chinarri, como decía la Mary, me ponían medio mustio— en seguida pensé que era una paloma tristona y solitaria y que lo estaba pasando mal. Cosas así se me ocurrían a mí de vez en cuando. Desde aquella tarde, empecé a ver aquella paloma casi todos los días que íbamos a casa de mis abuelos, y en cuanto pude se la señalé a la Mary. Ella se rió de mis ocurrencias y me explicó después, dándose muchos aires de enterada, que no era paloma sino palomo y que lo único que le pasaba era que había salido cojo y que ya sabía yo lo que se decía de los palomos rengos. La Mary dijo que era una lástima, porque era un palomo bonito, pintado de negro, o sea zarandalí, y además zumbón, con aquel buche pequeño y alto que le daba un aire un poquito litri y peripuesto. Nadie tenía la culpa de que cojease y no le hicieran tilín las palomas.

—Uno menos para traer palomas al mundo —dijo la Mary—, con lo jartibles que son.

No sé por qué yo me acordé de pronto de cuando tuve que probarme el traje de primera comunión, que la hice de marinero y de pantalón largo, y el sastre, al probarme la primera vez, dijo uy este niño tiene una pierna más corta que otra, y era verdad porque el pernil izquierdo se me quedaba un poco respingón. Mi madre me dijo que no me preocupase, que era una tontería y le pasaba a casi todo el mundo, pero yo me pasé un montón de días mirándome en el espejo del armario de su dormitorio y, aunque poco a poco se me fue olvidando, tardó mucho en quitárseme el comecome de saberme cojo, por poquito que fuera y por mucho que me dijese a mí mismo que no se me notaba nada.

A mi prima Rocío, desde luego, no se lo conté, con lo repajolera que sabía ser para mortificarme, pero a Antonia, la niñera, sí se lo confesé y ella me dijo no seas tan novelero que empiezas imaginándote que eres cojo y acabas creyéndote el conde Drácula. A la Mary nunca se lo dije.

La Mary decía que las palomas eran unas jartibles porque lo ensuciaban todo una barbaridad, y mi madre y tía Blanca también rajaban mucho contra las palomas de tío Ricardo porque destrozaban los tejados y, como siguieran multiplicándose de aquella forma, acabarían con toda la casa. Y cuando la casa fuera una ruina —o, simplemente, cuando desaparecieran los abuelos, por ley de vida— ¿quién iba a cuidar de tío Ricardo? Esa era una de las grandes preocupaciones de la familia desde que tío Ricardo empezó a volverse chaveta y rompió su noviazgo con Reglita Martínez, una medio pariente nuestra con la que tío Ricardo llevaba más de diez años de relaciones.

Desde entonces —o sea, desde hacía siglos—, la encargada de atender a tío Ricardo era la vieja tata Caridad. Como decía tía Blanca poniendo una cara horrible de resignación, la tata Caridad era una verdadera reliquia en casa de los Calderón Lebert. Ya era viejísima cuando yo tenía diez años, y llevaba en casa de mis abuelos desde que era mocita, a poco de casarse mi bisabuela, y ella había criado a mi abuelo y a todos sus hermanos y por eso mi abuelo la quería una barbaridad y mi abuela, que era una bendita, se lo consentía todo. Yo creo que mi madre y tía Blanca le tenían bastante tirria a la tata Caridad, pero como hacía un avío tremendo ocupándose de tío Ricardo procuraban disimularlo todo lo posible. A la tata Caridad, además, le pasaba una cosa muy misteriosa e interesante, yo no he vuelto a encontrar en mi vida a otra persona a quien le ocurriera lo mismo. La tata Caridad no tenía una cosa que todo el mundo tiene. A mí me tenía fascinado. La tata Caridad, por decirlo de una vez, no tenía perfil. Bueno, lo que no tenía era perfil derecho. Ella misma se lo contaba a todo el mundo. Te estaba mirando de frente y de pronto giraba la cabeza a la izquierda y decía, sin la menor vacilación, ahora no veo lo que se dice nada, una nube, es que no tengo perfil. Las personas mayores decían siempre uy Caridad, por Dios, de verdad qué raro, no me lo puedo ni creer; se les notaba muchísimo que estaban haciendo el paripé para quitársela de encima. La verdad es que yo, al principio, sí que le veía el perfil, pero parece que era el perfil izquierdo que se transparentaba, según ella me explicó. Luego, poco a poco, fui dándome cuenta de que era cierto, que conforme ella giraba la cabeza a la izquierda se le iban borrando la nariz, la barbilla, el perfil entero, pero la Mary me dijo que a la tata Caridad sólo le pasaba que era tuerta, tuerta perdida, y mi madre también quiso quitármelo de la cabeza y me explicó que la tata Caridad tenía cataratas en el ojo derecho, y eso sí que tenía que ser imposible. Alguna vez soñé con el ojo de la tata Caridad y, dentro, unas cataratas como las del Niágara o las del Iguazú, pero después me despertaba y estaba clarísimo que mi madre me había contado una majadería.

No podía comprender por qué. No había nada malo en que la tata Caridad no tuviera perfil. Y es cierto que la pobre se ponía pesadísima haciéndose la mártir —porque si la cara se le siguiera borrando acabaría quedándose sin ella— y contándote su vida de cabo a rabo, pero, si uno la dejaba hablar, aunque no le hiciera el menor caso, ella se quedaba tan contenta. Por la noche, cuando andaba fisgoneando por toda la casa con la excusa de atender a tío Ricardo, se largaba ella sola, en voz alta, unas peroratas interminables, pero ya a nadie le llamaba la atención ni parecía importarle lo más mínimo.

—Tus abuelos —me dijo con mucho misterio, una vez que la sorprendí hablando como una cotorra de un pretendiente que ella tuvo de chiquilla, antes incluso de entrar a servir, sentada junto a mi abuela que dormía como una santa en la mecedora del comedor— necesitan distraerse un poco, pobrecitos.

Yo no comprendía, la verdad, que a nadie pudiera faltarle distracción en aquella casa.

Mis abuelos hacían una pareja muy apacible y silenciosa, se lo tomaban todo con mucha tranquilidad y, desde luego, comprendían perfectamente que tío Ricardo necesitara tener preparado el almuerzo —sopa de maizena, jamón de york, un tocino de cielo y una copita de Quo Vadis, el amontillado de la familia— a las cuatro y diez de la madrugada, o que la tata Caridad exhibiera sus fantásticos achaques ante cualquiera que se pusiese a tiro, desde el aguador que entraba por el patio falso todas las mañanas con su burro lleno de tinajas que siempre iban chorreando, hasta el presidente del Ateneo, muy amigo de mi abuelo, o las Hermanitas de los Pobres, que iban a pedir cada jueves, sin fallar uno, a la hora sonámbula de la siesta. Mi abuela recibía muchas visitas y formaba cada tarde, en el gabinete, unas tertulias muy animadas, con tazas minúsculas de café, docena y media de tortas de aceite recién traídas de Casa Guerrero y un vasito de moscatel a última hora, que ésa era la consigna para que las señoras empezasen a desfilar cuando mi abuela ya iba sintiéndose cansada. Todas las señoras que estaban de visita hablaban muchísimo, aunque a media voz, y el gabinete se llenaba entonces de un murmullo que parecía lleno de espuma. Mi abuela se pasaba callada casi todo el rato, sonriendo. Mi abuelo, mientras tanto, se reunía en el escritorio, para hablar de negocios y de las noticias que llegaban de Madrid, con el tío Antonio, don Sixto el del Ateneo, José Javier García Vela —que era el médico de mi familia y de toda la gente bien de la ciudad— y el padre Vicente, un cura capuchino que olía a incienso viejo y nos confesaba a todos el sábado a mediodía, en el oratorio que había junto a la alcoba de la abuela. Yo espiaba también aquellas conversaciones de los hombres, aunque lo que más recuerdo de ellas era el aroma del tabaco y el olor inconfundible que salía del escritorio.

En ocasiones, aquellas tertulias de mis abuelos, siempre estrictamente separadas, se sobresaltaban un poco, sobre todo cuando llegaba tía Victoria, la artista de la familia, «a pasar unos días». Tía Victoria se presentaba de improviso y casi siempre venía del extranjero, porque se pasaba la vida viajando, gastándose su parte del negocio, dando recitales en los sitios más extraños, mandando postales desde ciudades increíbles y recibiendo —durante todo el año y en casa de los abuelos, porque ésa era la dirección que siempre daba como fija— cartas de pretendientes que parecían todos polacos o neozelandeses, por la cantidad de consonantes que usaban en los apellidos. Nada más llegar, se reunía con mi abuelo y con tío Antonio para tratar de la venta de otro paquete de acciones —porque el arte, cuando es serio, no da para nada, decía— con el consiguiente desconsuelo de sus hermanos, que trataban de explicarle en vano que el negocio ya no era lo que había sido. Ella se hacía la sorda y se montaba un chorro de zalamerías y luego se iba, radiante, a la reunión de las señoras, a alborotar. Tía Victoria contaba siempre montones de historias llenas de lujo y atrevimiento, decía muchas picardías y todas las señoras se ponían medio frenéticas y se divertían horrores. Mi abuela —que siempre fue un poquito cuajona, la verdad sea dicha— se animaba una barbaridad con aquella cabraloca de su cuñada, y yo, desde el pasillo, por su manera de hablar —lo poquito que hablaba— y de reírse, me daba cuenta de que se lo pasaba divinamente.

Aquel año, poco antes de que mi madre me llevara con los abuelos para tener ella las tardes libres, y por si en aquella casa faltase animación, la bisabuela Carmen empezó a ponerse rara. Las habitaciones de la bisabuela Carmen, la madre de mi abuelo, estaban en el segundo piso y a ella la cuidaban dos mujeres que se turnaban para no dejarla sola por las noches, más una señorita de compañía la mar de dispuesta, Adoración, que se ocupaba de que todo estuviese en orden. La bisabuela Carmen siempre fue la mar de pejiguera para todas sus cosas, de manera que la señorita Adoración tenía su mérito, aunque también es verdad que lo cobraba a precio de oro, como decía mi madre. La bisabuela Carmen, por señalar sólo una de sus rarezas, no recibía visitas —ni siquiera la de sus hijos o la de su nuera Magdalena, mi abuela, que desde que se casó con mi abuelo había pasado a ser la señora de la casa y a ocupar con su marido, sus hijos y su servicio las habitaciones del principal— más que los sábados y domingos de cuatro a seis de la tarde. Sólo de cuatro a seis. Jamás hacía excepciones y nunca recibía a más de dos personas al mismo tiempo, de forma que la señorita Adoración llevaba un cuaderno muy pulcro donde anotaba los nombres de los visitantes y el horario que les correspondía, a veces con semanas de antelación.

Por raro que parezca, las amistades de la familia no habían terminado por aburrirse y las citas con Carmen Lebert se habían convertido en el pueblo en una tradición muy distinguida que, al menos las señoras de familia bien, no podían dejar de cumplir regularmente. Pero en el verano del 58, Carmen Lebert —que con sus casi noventa años había conservado una salud y una lucidez, según mi madre, inaguantables— empezó a sufrir una serie de achaques galopantes que obligaron a la señorita Adoración a cancelar todas las visitas, excepto las del médico —quien aseguraba sin ningún apuro que no entendía nada de lo que le ocurría a aquella señora— y las de mi abuelo y tío Antonio. Por lo visto, empezó a perder el control y al cabo de unas semanas se pasaba todo el tiempo pidiendo de comer y de beber y queriendo ir al retrete sin ninguna necesidad. Empezó a decir que no reconocía a nadie, aunque, para compensar, se puso a recordar a todas horas unos amoríos que, según ella, tuvo de joven con una cuadrilla entera de bandoleros; mientras tía Blanca aseguraba voladísima que todo aquello era una insensatez, mi madre decía entre muchas risas que a ella no le habría extrañado lo más mínimo que fuese verdad. La señorita Adoración se tiraba todo el día santiguándose y mi abuela encargó en la Parroquial una docena de misas por su suegra.

En contra de lo que pueda parecer, aquella manera de desvariar que le entró a la bisabuela Carmen no le quitó a la casa nada de ajetreo. Las visitas ya no entraban en el dormitorio, pero no por eso se acabó todo aquel trajín de señoras que venían siempre de dos en dos, con tiempo de sobra para subir con una parsimonia de campeonato los dos larguísimos tramos de escalera que llevaban al segundo piso, entre gemiditos de cansancio y cotilleos de todos los colores. Con frecuencia, las que volvían de pelearse con la señorita Adoración —que en ningún momento se dejó ablandar o sobornar para franquear la entrada del dormitorio a ninguno de aquellos loros— se encontraban con las que iban a ello e improvisaban en el descansillo, en unas butacas que mi abuela ordenó poner allí y que acabaron por convertir el descansillo en una verdadera salita de estar, unas tertulias muy entretenidas. Tío Ricardo las odiaba a todas con verdadera pasión —la Mary decía que por culpa de ellas tío Ricardo no visitaba a su madre, la bisabuela Carmen, desde hacía años—, pero yo creo que si aquellas señoras hubieran dejado de ir de visita, habría sido como si todas las paredes de la casa de pronto empezaran a desconcharse.

A cambio del vacío que dejaron en su dormitorio todas aquellas brujas, la bisabuela Carmen decidió contar, a veces a gritos e incluyendo viejísimas canciones verdusconas, sus aventuras con aquellos bandoleros que la trataron como a una reina y se fueron matando los unos a los otros o suicidándose por su amor. Era como una película y la bisabuela Carmen se inspiraba mucho mejor por la noche, de manera que, entre unas cosas y otras, en casa de mis abuelos por la noche sí que había bulla y no en la Feria de Sevilla.

Mi madre, tan mona como siempre, debió de pensar que, puesto que yo estaba medio chuchurrío y desganado, no iba a echar cuenta de nada y dormiría tan ricamente.

La Mary, en cambio, mientras colocaba mi ropa en el armario de la habitación de tío Ramón, el hermano balarrasa de mi madre, que fue donde me pusieron, me miró con mucha guasa y me preguntó:

—Niño, ¿tú hablas en alto cuando duermes?

Le dije que no.

—¿Y roncas?

Le dije que tampoco.

—¿Y no te tiras peditos?

Me acharé y me encogí de hombros, porque yo sabía que algunos sí que me tiraba, pero me daba vergüenza decirlo.

—Qué barbaridad. ¿Estornudas? ¿Sabes hacer algo con las orejas?

Yo me eché a reír.

—Picha, no te rías que esto es la mar de serio. Aquí, si por la noche no haces algo, por la mañana no te dan de desayunar. Así que ya puedes ir ensayando lo que sea.

Yo me imaginaba que estaba de pitorreo, pero por si acaso le dije:

—Algunas veces toso...

—Uy, guapo, ni hablar. Esa es mi especialidad.

La Mary se puso a toser como si fuera a echar los pulmones.

—Es lo que mejor me sale —dijo—. Vete pensando en otra cosa.

Me dio el pijama y se me quedó mirando a ver lo que hacía.

—Niño, si te da vergüenza, espera a que termine de hacerte la cama y me voy corriendo.

A mí me daba una vergüenza horrorosa desnudarme delante de la Mary.

—Para lo que habrá que ver... —dijo ella—. Seguro que tienes una pichita como un altramuz.

La Mary, como ya he dicho, era la criada del cuerpo de casa, y tía Blanca la ajustó cuando ella se casó; según mi madre, en nada de tiempo se había hecho la dueña de todo. Tenía ya veinte años y era rubia, bajita y ni gorda ni delgada. Mi madre, la primera vez que la vio, dijo que era muy ordinaria hablando y moviéndose, pero a mí me pareció bastante guapa y graciosa, aunque en seguida me di cuenta de que era una fresca. La Mary y yo desde el principio hicimos muy buenas migas.

—Dime, ¿la tienes chiquitita como un altramuz?

Eso desde luego no era verdad.

—Antonia me dijo una vez que ya quisieran tenerla como yo muchos hombres hechos y derechos.

—¿Y quién es Antonia?

—La niñera que tenemos ahora en mi casa.

—¿Y de verdad te dijo eso?

Ella preguntaba y seguía haciendo la cama, sólo me miraba de refilón.

—De verdad que me lo dijo. Un día que me estaba bañando.

—Pues si eso es verdad —dijo la Mary, mirándome de pronto a la cara y mientras se recogía bien con una horquilla los pelos del rodete—, ya se me ocurre lo que puedes hacer tú por la noche. Niño, «eso» es lo que aquí no hace nadie.

Y cuando dijo «eso» puso una cara que parecía que estaba hablando de lo mejor del mundo.

Sentir o no sentir

Me dieron la habitación de tío Ramón, la mejor de toda la casa —eso por lo menos me dijo todo el mundo, no sé si para consolarme— y me la prepararon para que no me faltase de nada y estuviese como un príncipe. Mi padre, al despedirse, me había dicho:

—Zángano, no te quejarás. Menudo cuarto para ti solo.

Mi tío Ramón estaba siempre fuera y tenía una fama lo que se dice fatal de juerguista y vivalavirgen, y yo creo que por eso la abuela lo quería tantísimo, por su mala cabeza. La Mary me dijo que las madres son así. La pobre abuela nunca sabía por dónde andaba tío Ramón, de pronto lo mismo llamaba desde Barcelona que desde la Conchinchina, y siempre era para pedir dinero. Siempre. Entonces había que ver cómo se ponía la abuela de apurada y de triste. Un día la Mary me lo contó todo, pero me hizo jurar que no se lo diría a nadie.

—Júralo.

—Lo juro.

—Por tus muertos.

—Por mis muertos.

La abuela tenía que buscar el dinero que le pedía tío Ramón sin que el abuelo se enterase, y luego le encargaba a la Mary ponerle un giro.

A mí por entonces no me importaba lo que se dice nada jurar por mis muertos, porque yo aún no tenía muertos, sólo los otros abuelos, los padres de mi padre, pero se murieron los dos mucho antes de que yo naciera y a mí me parecía que eso no contaba. Ya durante aquel verano sí se murió alguien que me tocaba y a quien yo había tratado, aunque fuera poco —la bisabuela Carmen—, y desde entonces me dio más apuro jurar cuando alguien me lo pedía.

El caso es que como tío Ramón venía por el pueblo de higos a brevas, y siempre para quedarse poquísimo, y como todo el mundo estaba seguro de que no aparecería en mucho tiempo, me pusieron en su dormitorio y vaciaron los cajones de la cómoda y de la mesilla de noche para colocar mis cosas. Era estupendo. Yo nunca había dormido en una habitación así, tan grande y de techo tan alto, con muebles tan buenos y tan cómodos, y sin tener que compartirla con Manolín y Diego ni con nadie. Y no es que la habitación fuera la basílica de El Valle de los Caídos —la tía Blanca la había visitado en su viaje de novios y decía que era una preciosidad, la última maravilla del mundo, como para quedarse bizcos, y que parecía mentira que en España fuésemos capaces de hacer cosas así—, pero yo miraba las paredes, los cuadros, las cortinas, la lámpara del techo, la alfombra al pie de la cama, las calzadoras tapizadas de cretona, el armario de luna, y me sentía un marqués. Mi madre decía a veces, medio de chufleo, que cuando tenía que quedarse a dormir, por lo que fuera, en casa de los abuelos, comprendía de lo buena familia que ella era. Yo, nada más meterme en la cama de tío Ramón, empecé a sentir lo mismo.

—Niño —me dijo la Mary cuando se lo conté—, no seas carajote.

Claro que la Mary también decía que tía Blanca estaba carajota con El Valle de los Caídos.

—Es que nuestro caudillo tiene muchísimo mérito sólo con que se le haya ocurrido —decía a cada rato tía Blanca, tratando de convencer a todo el mundo de que había aprovechado una barbaridad su viaje de novios.

Tía Blanca se había ido a vivir con su marido recién pescado, como decía la Mary, a una casa alquilada por Madre de Dios, en el Barrio Bajo, pero no lo llevaba muy bien, no acababa de acostumbrarse y se pasaba la vida dando barzones por la casa del Barrio Alto. Muchos días, la primera noticia que me daba la Mary cuando entraba en mi dormitorio por la mañana era:

—Por ahí viene tu tía Blanca con carita de arrepentimiento.

Yo me levantaba de la cama para ver a tía Blanca subiendo con mucha impaciencia por la Cuesta Belén, pero la verdad es que no distinguía si estaba arrepentida o no de haberse casado con Paco Galván, constructor de los primeros bloques de pisos baratos que estaban apareciendo por El Palmar, y de haber tenido que irse a vivir al Barrio Bajo. La Mary no me dejaba fijarme bien, en seguida me mandaba de nuevo a la cama. Y desde la cama no se veía la calle. La habitación de tío Ramón tenía un cierro grandísimo que daba a la calle Caballero —la calle de verdad se llama San Francisco de Paula, pero todo el mundo la ha llamado siempre calle Caballero—, aunque para ver a la gente que pasaba tenía que levantarme, porque desde la cama sólo se veían la parte alta de la tapia y los árboles enormes del palacio de los infantes.

Además del cierro, el dormitorio tenía cuatro puertas, lo que puede parecer una exageración, pero a mí no me molestaba, al contrario, siempre estaba entrando y saliendo gente por un sitio o por otro. Una de las puertas daba a la galería, estaba haciendo esquinazo y la abuela procuraba tenerla siempre cerrada, porque por allí se formaba una corriente horrorosa, incluso en pleno agosto. Otra puerta daba a un cuarto de baño, el mejor de toda la casa y el más nuevo, yo siempre que estaba en casa de los abuelos y quería ir al retrete, me metía en aquél porque en los demás me daba apuro, yo no sé qué pasaba que en los otros nunca encontraba papel para limpiarme y sin querer tenía que hacer alguna porquería. La casa de mis abuelos estaba llena de cuartos de baño, había cuatro sin contar el de las criadas, que estaba en el último piso, junto al palomar, y todos los habían hecho en habitaciones enormes y un poco destartaladas. Todos menos el de tío Ramón, que era el más recogidito y el más coqueto, como decía la Mary. La puerta del cuarto de baño de tío Ramón no era una preciosidad, claro, pero mi madre decía que daba una sensación de limpieza y de higiene que se agradecía mucho. Mi madre se descomponía si el cuarto de baño no lo dejábamos limpio, sobre todo la taza del váter, y a mí me pasaba lo mismo. Mi madre siempre decía, sin poder esconder en la cara un remanguilleo de satisfacción, este niño ha salido a mí en lo escrupuloso.

Una puerta bonita de verdad era la que daba al gabinete, una habitación pequeña pero con un cierro tan grande como el de la habitación de tío Ramón, un cuartito de estar con una mesa camilla y un sofá de ésos antiguos que tienen un nombre francés, un nombre que suena la mar de cursi: cheslón. Mi madre lo pronunciaba divinamente, como si hubiera vivido en Francia toda su vida, que desde luego jamás la había pisado, pero ella una vez me dio a entender que la gente bien tiene cierta facilidad para los idiomas. Yo había visto montones de cheslones más o menos parecidos en las postales de antes, de los tiempos de mi abuela o de mi bisabuela o peor todavía. Siempre había una señorita la mar de lánguida recostada de lado, como si le faltaran cinco minutos para morirse. Esas señoritas de las postales siempre hacen como que leen un libro, pero encima del libro nunca falta una rosa enorme, que yo nunca comprendí cómo podían leer así, con una rosa como una lechuga tapándolo todo.

—Raras que somos las mujeres —me explicó la Mary, cuando se lo consulté.

Pues aquella puerta que daba al gabinete era, ya digo, preciosa, de madera oscura que cuando le daba el sol parecía roja, y con clavos y un rodapié labrado con cabezas de perros. Como he dicho, mi abuela pasaba muchísimo tiempo en el gabinete, sobre todo por las tardes, y allí hacía sus tertulias y organizaba todo lo de la casa.

Y ya por fin había, en aquella habitación que iba a ser para mí durante todo el verano, otra puerta grandota, de esas que son todas de cristales pequeños y que daba al dormitorio de soltera de tía Blanca, y aquel dormitorio sí que era como para perderse en un descuido, allí se podía jugar al fútbol, y eso que todos los muebles también eran gigantones, empezando por la cama, una plaza de toros. Pero aquel dormitorio no lo usaba nadie desde que tía Blanca se había casado, y era la única habitación de la casa en la que había una luz distinta, como muy quieta, como si no cambiara nunca, a lo mejor porque daba a una azoteíta completamente llena de buganvillas y no se podía airear bien por mucho que la ventana estuviera semanas abierta de par en par. La verdad es que era un alivio pasar del cuarto de tía Blanca al de tío Ramón, y yo, desde la cama, había veces que no quería mirar al dormitorio de al lado porque me parecía un sitio que se había quedado hueco. El cuarto de tío Ramón, en cambio, como decían todos, era una maravilla.

—A este cuarto me voy a venir a planchar todas las tardes —me dijo la Mary—. Así te hago compañía.

Si uno se asomaba un poquito al cierro, veía, por la derecha, la esquina de la Cuesta Belén y el almacén de Domingo, y más al fondo toda la calle hasta la Plaza Alta, donde antes estaba la cárcel y donde sigue la iglesia

Parroquial —la iglesia de la O— y el palacio de la duquesa —de la que mi madre me había contado cosas de niña borde de verdad, porque desde siempre habían sido vecinas como quien dice, y mi madre contaba mucho que la duquesita, el día de su primera comunión, bajaba en burro por la Cuesta Belén con el vestido carísimo hecho una lástima y diciendo montones de palabrotas, y por lo visto Franco la había desterrado y andaba por París haciendo locuras; yo hubiera dado cualquier cosa por verla alguna vez, porque me parecía una señora muy divertida y con muchas agallas, pero decían que Franco no la dejaba volver—, y más a lo hondo, antes de llegar al Castillo de Santiago, el cuartel de la Guardia Civil y, casi enfrente, la Casa de la Silla, una bodega de mucho postín, cuyo dueño era un primo hermano de mi abuelo y allí llevaban a toda la gente importante que, por hache o por be, se acercaba de visiteo por el pueblo.

—La duquesa tendrá títulos a esportones —decía mi madre—, pero en educación y en maneras no nos llega a las Calderón ni a la suela del zapato.

Por la izquierda, y aunque la calle Caballero se arremangaba un poquito a partir precisamente de la casa de mis abuelos, uno podía ver la Casa de Maternidad y la Cuesta de los Perros, con una verja que a lo mejor tenía su mérito, pero que estaba la pobre destrozadita, y además en la cuesta había mierda como para parar un tren, todos los chiquillos callejeros aprovechaban para hacer allí sus necesidades y yo creo que la cuesta no la limpiaban nunca. La Mary decía que, por la noche, la Cuesta de los Perros se llenaba de parejitas que no tenían otro sitio mejor donde desahogarse, y yo le pregunté que cómo podía nadie andar por allí con la peste que había. La Mary, riendo, me dijo:

—Niño, cuando te entra la calentura, no hay peste que valga.

Cuando me dijo eso yo ya me convencí de que la Mary era una fresca. Claro que era una fresca la mar de entretenida y se pasaba todo el tiempo, mientras planchaba, descubriéndome cosas muy emocionantes. Me contó que tenía cuatro novios al mismo tiempo y que cada noche se pasaba con uno distinto dos horas de palique en la casapuerta, que siempre con el mismo sería un aburrimiento, que los hombres se ponen muy jartibles en cuanto una mujer afloja una mijita y ella no lo podía soportar, si alguno se subía a la parra lo mandaba en seguida a pelar chícharos.

—Los hombres —me dijo— no sabéis tratar a las mujeres.

Yo le dije que no sabía que a las mujeres hubiera que tratarlas de una manera especial, y ella puso cara de guasa y me dijo:

—Pues ten cuidado, porque una cosa es saberlo y no echar cuenta, que es lo que hacen los hombres, y otra no figurárselo siquiera, que es el defecto de los sarasas.

En eso yo estaba tranquilo, porque un primo de mi padre que se llamaba como mi padre y como yo decía siempre que él no conocía a nadie con ese nombre que fuese mariquita.

Una tarde vino Antonia a hacerme una visita y, como con ella tenía confianza, le dije lo que me había contado la Mary de sus novios y de los hombres, y Antonia me advirtió que no le hiciera caso a la Mary porque era una cochambrosa. Como con la Mary cogí en seguida también un montón de confianza, le dije lo que me había dicho Antonia y entonces ella me dijo que a Antonia lo que le pasaba era que estaba celosa como una burra, pero que no tenía ningún porvenir porque era una lacia y una sansirolé. Luego, aprovechando que mi abuela no estaba en el gabinete, se lió a contarme chistes verdes del Bizco Pardá, aunque siempre decía que no quería contarme muchos porque ya tenía yo bastante con mi destemplanza y no era cosa de ponerme más caliente. Pero no creo que le preocupase mucho el que yo me calentase más de la cuenta. Si alguna vez me contaba algún chiste exagerado de verde, en seguida empezaba a hacer aspavientos, como si tuviera calambres, y se me echaba encima, sujetándome bien para que no me encogiese, y metía la mano bajo la sábana y me rebuscaba en el pantalón del pijama con aquellos dedos que parecían alicates.

—Niño —decía aparentando mucho escándalo y mucho apuro—, no te habrás empalmado, ¿verdad?

Yo al principio nunca me empalmaba, primero porque me daba repele tener a la Mary encima manoseándome de aquella manera, y segundo porque temía que mi abuela nos pillase. Mi abuela no llegó a pillarnos, pero la tata Caridad sí y le dijo a la Mary que era una guarra y un pendón, y luego la engañó diciéndole que mi abuela la estaba buscando. Mientras la Mary estaba fuera, la tata Caridad aprovechó para anunciarme, con mucho misterio, que tenía que contarme otro secreto, otra cosa rara que le estaba pasando. No pudo darme más explicaciones porque la Mary volvió en seguida hecha un basilisco, la llamó bruja piojosa y la mandó que se fuera al lavadero a fregarse con estropajo y jabón verde los sobacos. La tata Caridad era capaz de mirarte como si te fuera a sacar los ojos, pero la Mary no se impresionó:

—Bruja, deje al chiquillo en paz. Y no se le acerque tanto que van a salirle ronchas al niño del pestazo que está echándole.

En eso de la peste la Mary no tenía razón. La tata Caridad no olía peor que el resto de las personas mayores. Para mí, todas las personas mayores tenían un olor horroroso, era como si ya se estuvieran pudriendo, que el hermano Gerardo nos contó la historia de no sé qué santo que tenía, antes de convertirse, una novia guapísima que se le murió, y él quiso dejarla sin enterrar más tiempo de lo corriente, no podía consentir que los gusanos se comieran aquella cara y aquel tipo tan preciosos, así que un día acabó por encontrarse a la muchacha en su propia cama convertida en un esqueleto asqueroso, y el muchacho se impresionó tantísimo que lo dejó todo y se metió a santo, no se lo pensó dos veces; el hermano Gerardo dijo entonces que empezamos a corrompernos desde el mismo día en que nacemos, que las apariencias engañan, y yo estaba convencido de que eso era verdad, a las personas mayores se les notaba mucho. De la alcoba de la bisabuela Carmen, por ejemplo, salía un tufazo tan enorme que a mí a veces hasta me entraba fatiga.

El olor de la tata Caridad no era tan malo, a lo mejor porque le daba un poco más el aire.

—Tengo que contarte un secreto.

Aquello de que tenía que contarme otro secreto me lo estuvo diciendo un montón de días, siempre a escondidas de la Mary.

—Es una cosa la mar de rara que me está pasando, fíjate.

La Mary naturalmente se enteró y le echó una bronca espantosa, la amenazó con decirle a mi abuela que me estaba contando supersticiones.

—No son supersticiones —dijo la tata Caridad, con mucho coraje.

Y yo no creo que fueran supersticiones. Era una cosa rara, desde luego. Cuando por fin me lo contó, aprovechando que la Mary andaba de palique con uno de sus novios en la casapuerta, a mí me pareció una cosa como para preocupar a cualquiera. Sobre todo, teniendo en cuenta que a la tata Caridad ya le faltaba un perfil. Porque a cualquiera le puede faltar un ojo, una oreja, hasta un brazo o el apéndice o algo peor. Pero lo que a la tata

Caridad le faltaba de pronto, según ella, a mí me pareció casi imposible que pudiera faltarle a nadie.

—No tengo nada de cintura para abajo —me dijo.

Se había levantado al decirlo la falda de sopetón, todo, también las enaguas, y tenía unas bragas enormes y como de lona y del color de los toldos que ponían en verano, para cubrir el patio, en casa de mis abuelos. La tata Caridad tenía unas piernas que daba fatiga verlas, de flacas que eran y de arrugadas y llenas de tolondrones como estaban, pero parecía claro que ella no se refería a las piernas, sino a otra cosa. Ella me dijo, la mar de nerviosa, mira, fíjate bien, pero a mí me daba apuro andar mirándole aquello.

—De verdad —insistía la pobrecita, medio llorando—. Aunque no te lo creas, de cintura para abajo no tengo nada.

Pensé que a lo mejor era cierto y que sería un milagro.

—¿Qué es lo que sientes? —le pregunté.

—Nada. No siento nada. Por eso te lo digo.

No es que estuviera muy claro, pero podía ser. La verdad es que cuando uno tiene algo lo siente, y si la tata Caridad no sentía nada era porque de verdad sus bajos, como su perfil derecho, se le habían quedado por ahí. Ya era mala pata, ya era triste ir perdiéndolo todo poco a poco, ya es desgracia que a uno se le vayan borrando de esa manera sus cosas.

La Mary hizo una montaña de morisquetas cuando se lo conté. Se fue en busca de la tata Caridad, que se había metido en el antiguo dormitorio de tía Blanca a descansar un poco, y le dijo a grito pelado:

—Bruja, liante, ya está bien de pervertir al niño, asquerosa.

Luego se fue a por mí.

—Y tú a ver si te enteras, cuajón, que estás en babia. A ésa lo que le pasa es que tiene chuchurrío el chumino.

Aquel día la pobre tata Caridad cogió un berrinche espantoso y me llamó chivato mariquita y se pasó horas y horas lloriqueando. A mí me daba una pena horrible, porque era como esos santos que tienen visiones y nadie les cree. Estuve escuchándola lloriquear toda la tarde, hasta que me quedé adormilado, porque por entonces yo aún me dormía a las primeras de cambio, y no como más adelante, que podía pasarme en blanco noches enteras. Pero al principio, casi todos los días, y sobre todo cuando empezaba a oscurecer, me subía un poco la fiebre y no era capaz de aguantar el sueño. Y es que José Joaquín García Vela, el médico, conmigo había acertado de pe a pa. Aquella destemplanza no se me iba por mucha tranquilidad que tuviese y por más que me cuidasen la abuela, la Mary, la tata Caridad y todos los santos del paraíso. Mi abuela todas las noches se asustaba un poco, después de ponerme el termómetro y ver que la destemplanza no se me iba por nada del mundo, y luego le reñía a la Mary por estar tanto tiempo de cháchara conmigo porque eso no tenía más remedio que cansarme y subirme la fiebre. Pero la Mary decía que aquello ni era fiebre ni era nada, que ya estaba bien de tanta zanguanga, y no le hacía a mi abuela ningún caso.

—Te voy a contar un chiste verde y ya verás como te espabilo —decía la Mary cuando notaba que empezaba a entrarme la zangarriana, como ella decía, y si mi abuela no la escuchaba.

Me lo contaba y después siempre quería comprobar si me había empalmado.

—Uy, uy, uy —decía la Mary—, este niño ni siente ni padece.

Si estaba con décimas, no tenía ganas ni de pelearme con la Mary para que no me manoseara tanto, pero, cuando ella decía aquello de uy, uy, este niño ni siente ni padece, pensaba yo si no me estaría ya pasando lo que a la tata Caridad, que no tenía nada de cintura para abajo, y me entraba un agobio grandísimo, como si comprendiera que tenía que preocuparme por algo y no supiera bien por qué. Desde luego, no se lo conté a nadie, ni siquiera a la Mary, porque hay cosas que uno siente pero se calla, y además no habría sabido explicarme.

En el espejo

La primera noche que no me dormí en seguida, a pesar de la destemplanza, fue como un aviso de todo lo que después iba a pasar. La culpa la tuvo aquella foto de tío Ramón. Y no es que yo vaya a decir que noté como si estuviera adivinando el porvenir, porque eso sería una exageración, pero sí es verdad que nunca hasta aquella noche yo me había sentido así, asustado, pero no por cosas que estuvieran pasando en la habitación, en la oscuridad, o al otro lado de las puertas y que yo no podía ni imaginarme, sino por algo que me arañaba por dentro o por alguien a quien tenía que conocer. Alguien que alguna vez acabaría por agarrarme.

Llevaba casi dos semanas en casa de mis abuelos, sin poder moverme de la cama más que para ir al cuarto de baño, y me pasaba las horas muertas pensando en las musarañas, porque hasta de leer tebeos me cansaba en seguida. Aquel día, después de comer, mientras la abuela se quedaba traspuesta en el gabinete, la Mary estaba planchando junto al cierro de mi cuarto y de pronto me preguntó:

—¿A que no te has dado cuenta de una cosa?

Yo me había dado cuenta de muchas, pero a saber a qué se refería ella.

—¿A que no te has dado cuenta de que la foto de tu tío Ramón no está en la galería?

Yo sí que me había fijado, pero nunca le había preguntado a nadie por qué la foto de tío Ramón no estaba allí, con todas las demás. Yo pensaba que a lo mejor en aquella casa, en mi familia, todo el mundo se avergonzaba de tío Ramón y de su mala cabeza, y si no ponían su foto en la galería a lo mejor las visitas se acordarían menos de él y no andarían todo el tiempo preguntando ¿qué es de Ramoncito?, ¡cuantísimo tiempo sin verle! Si no veían un retrato suyo en la pared o encima de la consola, con su marquito de plata —como estaba la foto de boda de mis padres, y las de mis tíos, porque todos estaban casados, menos tío Ramón—, la gente echaría menos cuenta y se pondría menos impertinente. En la alcoba de la abuela, en cambio, sí que estaban las fotos de todos sus hijos, pero allí no entraban las visitas casi nunca, sólo si la abuela se ponía mala y eso ocurría de pascuas a ramos, porque mi abuela tuvo siempre una salud de maravilla. La Mary me dijo que ella estaba segura de que mi abuela había ordenado las fotos como estaban, con la de tío Ramón junto a la cabecera de su cama, porque así lo tenía cerquita, aunque fuera en un retrato, y que apostaría lo que fuese a que aquélla era la única foto que la abuela besaba cada noche cuando se iba a dormir.

En el cuarto de tío Ramón tampoco había fotos suyas, o por lo menos las quitaron cuando a mí me pusieron allí. Uno de los cuerpos del armario estaba cerrado con llave, y la Mary me explicó que allí había guardado mi abuela todas las cosas de mi tío, para que yo no fuera a pasarme el verano curioseando y metiendo el hocico donde no debía. La Mary, claro, no decía hocico sino jocico, y a mí me daba mucha rabia, porque si en aquella casa había alguna cochina no podía ser más que ella. Bueno, también tío Ramón tenía que ser un poco sinvergüenza, porque de lo contrario no se comprendía que la abuela me escondiese sus cosas como si fuesen pecado.

—Yo no sé si serán pecado —me dijo la Mary, que siempre se ponía muy novelera cuando hablábamos de esas cosas—, pero tu abuela, mientras las guardaba, no las quería ni mirar.

La Mary, por supuesto, no había podido verlas. Decía que era tonta por no habérsele ocurrido mirar en el cajón de la mesita de noche, de donde la abuela había sacado todas las fotos y revistas que guardó bajo llave, con la de veces que había tenido que limpiar aquel dormitorio. Tonta del higo decía la Mary que era. Claro que no decía higo sino jigo, y además, cuando lo decía, se llevaba la mano a la bandurria, que era cómo lo llamaba Antonia a aquello, porque después de todo a Antonia la había ajustado mi madre para que nos enseñase un poquito de educación.

—Si tu abuela no hubiese cerrado esto con llave... —se quejó la Mary, mientras buscaba sitio para guardar la ropa de cama que acababa de planchar—. Seguro que aquí dentro hay espacio de sobra.

La Mary se refería al cuerpo del ropero cerrado con llave, porque en otro de los tres habían puesto mi ropa y en el del centro, el de la luna, tenía mi abuela ropa blanca —sábanas, toallas, manteles y cosas así—, pero estaba tan lleno que ya no cabía ni una manopla. La Mary hasta intentó abrir la puerta cerrada del armario, con la excusa de lo de la plancha, pero la cerradura no se movió ni un milímetro. Yo entonces me puse a hacerle preguntas y eso era lo único que ella necesitaba. La Mary, por mucho que quisiera disimular, estaba segura de que las fotos de tío Ramón eran pecado, sólo había que ver las cosas que se imaginaba: a lo mejor en las fotos estaba tío Ramón besándose con mujeres, a lo mejor dándose el lote con dos o tres al mismo tiempo. Además, la Mary juraba por sus muertos que entre las cosas de tío Ramón que había guardado mi abuela había también revistas y cartas. Las revistas seguro que eran revistas verdes, de las que no se podían leer porque el Papa —que se llamaba Pío XII, aunque su apellido de verdad se pronunciaba Pacheli y, según tía Blanca, tenía una cara de santo que no se podía aguantar y daban ganas de comérselo a besos— te excomulgaba. Y las cartas a lo mejor eran de señoras casadas que les ponían los cuernos a sus maridos con tío Ramón, aunque la Mary no decía señoras sino gachises, pero mi madre una vez me riñó porque llamé gachí a la mujer de Segundo Mestre, el nuevo comandante de Marina, que era de no sé dónde y estaba recién llegado y el pobre andaba haciendo lo imposible por meterse entre la gente bien; a mi madre, Segundo Mestre le parecía un hombre con mucho estilo, aunque su mujer era cursilita y poquita cosa, pero de ningún modo una gachí, y me lo dijo bien claro, que una señora nunca es una gachí y, por tanto, yo estaba seguro, por mucho que la Mary dijera calumnias, de que a tío Ramón no le escribían gachises sino señoras, por loconas que fuesen —la palabra locona la repetía mucho tía Blanca, pero tía Blanca llamaba loconas a mujeres a las que la Mary llamaba en cambio pindongas—, y es que un Calderón no se podía tratar con gachises, faltaría más, por muy bala perdida que llegara a ser y por bajo que cayese.

Ni que decir tiene que la Mary y yo estábamos locos por saber hasta dónde de bajo había caído tío Ramón.

—Pelanduscas —decía la Mary, con un tonillo de voz la mar de ordinario—. Todas lo mismo, pichilla. Pelanduscas y pindongas.

—Tú qué sabrás. Mi madre dice que tío Ramón se trata con la mejor gente de Madrid.

La Mary hizo como que le entraba una risa floja y muy antipática y me dijo anda, niño, no seas moscatel, menudo es tu tío Ramón. Pero era verdad que mi madre decía eso, aunque también decía que habría que ver a cuántos habría sableado ya tío Ramón, y soltaba entonces unas risitas medio coquetonas, yo creo que quería dar a entender que andar por Madrid dando sablazos era algo la mar de elegante.

La Mary estaba convencida de que, si tío Ramón daba sablazos, se los daría a gachises. No había quien la bajase del burro. Por supuesto, el único modo de demostrarlo era lograr que mi abuela abriese el cuerpo del armario que había cerrado con llave. Así que la Mary empezó a encorajinarse y a jalearse a sí misma. Acababa de terminar la plancha de la semana y se le había disparado la sofocación por no tener dónde poner tantísima ropa, pero sobre todo estaba ya que se le salía el triquitraque por las orejas porque no podía más con el castigo de no saber, tenía el comecome metido en el cuerpo hasta las asaduras, como ella decía, y además, en cuanto lo pensaba un poco de seguido y en silencio, sin distraerse ella misma con su propio palique, se ponía tan nerviosa con el coraje que le entraba que tenía que irse corriendo a orinar. Yo sabía que la curiosidad era lo que la mataba, pero ella cogió una perra espantosa por no tener donde guardar la ropa planchada y se lió a decir que ésa no era manera de trabajar y que en ese plan le entraban ganas de mandarlo todo a tomar por culo –mi tía Blanca, que también tenía un genio de aúpa, mandaba siempre a la gente a tomar viento, y la Mary a tomar por culo, y yo me imaginaba que las dos cosas eran horribles, pero no sabía decir cuál sería peor–, la Mary lo decía todo sin aguantarse ni mijita la voz, bien fuerte, a ver si mi abuela, que seguía traspuesta en el gabinete, se enteraba de una vez. Pero mi abuela, o no se enteraba, o no hacía ni caso. Hasta que la Mary no pudo más.

–Picha –me dijo de pronto, como si estuviera atragantándose–, de hoy no pasa. O tu abuela abre eso, o le pido la cuenta y que caigan bombas.

Y decidió entrar por derecho, echándole una jeta espantosa, aunque con mucha vista y habilidad, eso sí, que tonta no era. Yo hasta aguanté la respiración cuando la Mary entró en el gabinete, después de pedir permiso con mucha ceremonia, como si estuviera en el palacio de El Pardo —que tía Blanca decía que la ilusión de su vida era conocer El Pardo y hacerle una genuflexión al Generalísimo, y qué mala suerte, durante su viaje de bodas no pudo ser, tuvo que contentarse con El Valle de los Caídos. La Mary se hizo la hacendosa, le dijo a mi abuela que en una casa bien no se deja la plancha en cualquier sitio, pero que ella, tal como estaban las cosas, acabaría dejándolo todo en la mesita del recibidor, porque ya no había sitio para guardar ni sus bragas —las de mi abuela— y qué espectáculo si las visitas que estaban a punto de llegar se encontraban lo primero con la ropa interior de Magdalena Ríos —que así se llamaba mi abuela—, y si luego iban todas las señoras entrando en el gabinete, cada una con un sostén o una braguita o un calzoncillo del abuelo en la mano, cogidos con las puntitas de los dedos como si tuvieran microbios, y diciéndole a la abuela con mucho recochineo Magdalena, hija, ¿quién ha perdido esto por el pasillo? Mi abuela no tenía más que figurárselo para que le diera un ataque y se desmayase de pura vergüenza.

Cuando oí el ruido de la butaquita donde siempre se sentaba la abuela, el ruido que hizo al moverla, comprendí que la abuela se había levantado, que la Mary la había convencido a la primera. A la Mary, cuando entró en mi habitación detrás de mi abuela, se le escapaba por los ojos la satisfacción de haberse salido con la suya. A mi pobre abuela, en cambio, se le había quedado una cara de susto que sólo de vérsela te daba fatiga y remordimiento.

Pero la Mary, además de ser una fresca, no tenía corazón.

—Déjeme que yo abra, señora, y ya verá como me avío.

—Quita, quita... —dijo mi abuela, la mar de nerviosa y medio aturrullada—. Yo no creo que haya sitio para mucho.

Se quedó de pronto parada y como aguantando la respiración, con los ojos muy abiertos y muy quietos, como si de repente se acordase bien, con todo detalle, de lo que había guardado allí y le entrasen unos escrúpulos horribles. La Mary empezó a hacer montones de morisquetas, por lo impaciente que estaba, y movía el culete, dando respingos, como si se le hubiese metido una salamanquesa. Mi abuela parecía dispuesta a no soltar la llave ni aunque le hincasen astillas debajo de las uñas.

—Deme la llave, señora, por Dios, que nos van a dar aquí las tantas de pentecostés.

—Quita, quita...

A mi abuela, por lo visto, no se le ocurría otra cosa que decir. Claro que, me figuro, tampoco podía quitarse de la cabeza la charlotada espantosa de un desfile de visitas chufleándose de ella a cuenta de las bragas y sostenes que habían ido encontrándose en el recibidor. Así que no tuvo más remedio que decidirse, y fue como si cogiese carrerilla antes de meter, con mucho apuro, la llave en la cerradura mientras miraba para otro lado. Se puso hasta colorada y yo pensé, con el corazón encogido, a la abuela está a punto de darle un sopetón.

Todo lo demás ocurrió muy deprisa. Tan deprisa que yo creí que la Mary no había conseguido nada. La Mary, muy dispuesta, eso sí, había dicho esto lo apaño yo en un periquete, déjeme a mí, señora. En un santiamén hizo sitio para el montón de ropa que llevaba en brazos, aunque también es verdad que todo lo demás lo dejó más estrujado que la picha de un torero. Pero la Mary lo hizo todo tan ligero y con tanta habilidad que pensé que le traería más cuenta trabajar en un circo, y la abuela no tuvo tiempo ni de quejarse. Ya digo, a mí hasta se me cayó el alma a los pies y me dije jeríngate, tonto, seguro que la Mary no ha cogido nada y tú vas a tener que entretenerte chupándote un dedo. Sin embargo, después de que mi abuela cerrase de nuevo con llave y con mucha bulla aquel cuerpo del armario y se fuese corriendo al gabinete porque ya estaba a punto de empezar el visiteo, la Mary me guiñó un ojo. Y me hizo un gesto con la mano para que tuviese paciencia.

—Anda —me dijo luego, medio a gritos, como si estuviese en un teatro—, deja que te arregle un poco la cama, pero no te adormiles, que es hora de merendar.

Habrían tenido que darme cloroformo para que yo me durmiese en aquel momento.

—Luego vengo —dijo la Mary, mientras me estiraba las sábanas, pero ahora cuchicheando y señalando lo que llevaba escondido debajo del delantal—. Después te lo enseño todo.

Pero yo sé que todo no me lo enseñó. Ella me dijo que sí, que no fuese maniático, que iba a terminar mochales como tío Ricardo si no me corregía a tiempo. Que no fuera tan jartible, que aquello era todo lo que había podido sacar del armario sin que la abuela se enterase. Francamente, puede que yo tuviese destemplanza, pero eso no quería decir que me hubiese vuelto carajote: la Mary sólo me enseñó lo que le dio la gana. No me trajo ninguna revista. Me dijo que revistas no había, y tuvo la poca vergüenza de jurármelo por sus muertos.

Cuando la Mary me trajo la merienda, ya había unas cuantas visitas en el gabinete con la abuela, y la pobre de Reglita Martínez —la que durante siglos había sido la novia de tío Ricardo, hasta que tío Ricardo la dejó plantada, ya estropeadísima la criatura, cuando le dio el siroco, y eso que todo el mundo decía que Reglita Martínez, de joven, había sido una belleza— entró en mi habitación a darme un beso y un cartucho de chocolatinas; Reglita Martínez casi todos los días me traía algo y si no se disculpaba, y mi madre me dijo que tenía que agradecérselo mucho porque la pobrecita estaba fatal de dinero, por eso iba a las casas de visita a las horas más inoportunas, a la hora del almuerzo o de la merienda o hasta de la cena, a ver quién le daba de comer, y a cambio, como agradecimiento, contaba todos los chismorreos del pueblo. Una vez también le había oído decir a mi madre que, antes de que ella se casara y de que tía Blanca se echara novio, le tenían mucha tirria a Reglita Martínez porque era una metementodo y una chivata, y Reglita Martínez seguía haciendo lo mismo, pero bastante tenía y a mamá y a tía Blanca ya no les importaba tanto, así que pelillos a la mar. Aquella tarde, Reglita Martínez se fue en seguida al gabinete a contar sus chismorreos y todas las señoras estaban muy entretenidas con la charlita y con el café, así que no había peligro de que nos descubrieran.

—Mira —me dijo la Mary—, esta postal se la mandó un amigo a tu tío Ramón desde San Sebastián. Es la playa de la Concha, fíjate qué hermosura. Dice: «Por aquí hay unas niñas preciosas que están deseando conocerte, les he contado de ti cosas que no se pueden creer y todas te mandan un montón de besos». Menuda pieza tu tío Ramón.

En la postal, claro, no aparecían las niñas por ninguna parte. Otras postales estaban firmadas por mujeres, pero ninguna decía nada de particular, nada verdaderamente atrevido, le felicitaban el cumpleaños o le mandaban recuerdos desde sitios rarísimos como Avilés o Villanueva y Geltrú, aunque todas, pero todas, se despedían diciendo tu amiga que sabes que te aprecia de verdad y no te olvida. Según la Mary, eso quería decir que tío Ramón era un bandido y conquistaba a la que se le pusiera por delante, sin echar cuenta de los sentimientos.

De todas las postales, sin embargo, la que más me llamó la atención fue una que le mandó a tío Ramón un hombre y que decía: «Ya sé que es doloroso pedir lo que no te pueden dar y ofrecer lo que no pueden aceptarte, pero prefiero ese dolor a la cobardía de no intentarlo». Cuando la Mary me lo leyó no entendí lo que se dice nada, pero la postal era muy bonita, un palomo posado en la rama de un árbol y abajo, en el suelo, un perro corriente, callejero, que lo miraba no como si quisiera comérselo, sino como si estuviese enamorado de él.

Le pregunté a la Mary que si me la podía quedar y me dijo que bueno, pero que tuviese cuidado, que si la abuela me la descubría ella no quería saber nada, que dijese que la había encontrado en el cajón de la mesilla de noche. Le dije que sí y me pidió que se lo jurase.

—Te lo juro.

—Por tus muertos.

—Por mis muertos.

De tanto leer lo que estaba escrito en la tarjeta, acabé aprendiéndomelo de memoria. El hombre que la firmaba se llamaba Federico y se despedía diciendo tuyo afectísimo. La Mary no supo explicarme bien lo que significaba aquello de afectísimo, pero me dijo que, de todos modos, a ella le olía a chamusquina.

La Mary, de pronto, se me quedó mirando de una manera rara y, sin venir mucho a cuento, me advirtió:

—Ten mucho cuidado, picha. Hay por ahí un montón de perros y de palomos.

La Mary a veces desvariaba.

Luego me enseñó tres o cuatro fotos, pero seguro que también se guardó alguna para que yo no la viese. De todos modos, en una de las fotos estaba tío Ramón con dos o tres mujeres en maillot en una playa, y la Mary dijo que a ninguna de aquellas gachises le encontraba ella nada de particular, y a mí de pronto me dio por pensar que lo mismo la cateta de la Mary estaba medio colada por tío Ramón y que viéndole en aquellas fotos se ponía medio celosa y se le alborotaba la bandurria, como decía Antonia que le pasaba a ella cuando recibía carta del novio que tenía haciendo la mili en San Fernando.

En otra de las fotos estaba tío Ramón en un bar, con otros dos hombres y lo menos cuatro mujeres y todos parecían medio piripis. La Mary dijo que aquello era seguro, seguro, un bar de alterne, como los que últimamente estaban abriendo a porrillo en Rota para los americanos de la Base. Yo le dije a la Mary fíjate cómo tío Ramón le está cogiendo una teta a la rubia que tiene al lado, y la Mary me dijo tú estás majareta, mocoso, tú ves visiones, ¿no ves que tiene un pitillo entre los dedos?, es sólo que la mano, al pasársela a la gachí por detrás del cuello le queda así, que pareces Jaimito.

—Pero esa rubia no vale un pimiento —añadió.

Para la Mary, ninguna de las mujeres que estaban con tío Ramón en las fotos valía un pimiento. Ni las que estaban en maillot, ni las que iban de calle, ni las que estaban de cacería, todas vestidas como si se fueran a Africa de safari, con unas escopetas grandísimas, pero con unas poses que parecía que estaban ensayando para el teatro de Manolita Chen. Detrás de esa foto ponía, a lápiz, dónde la habían hecho, en Villanueva de la Serena, en junio de 1955. Ni la Mary ni yo sabíamos por dónde caía ese sitio; la Mary dijo que, por lo visto, a tío Ramón le encantaba meterse en sitios peligrosos, y puso una cara que cualquiera podía darse cuenta de que a la cochina se le empezaba a alborotar la bandurria otra vez.

Claro que caérsele la baba, lo que se dice caérsele la baba a la Mary, con la foto de tío Ramón en bañador, una foto donde se veía clarísimo que tío Ramón tenía una facha estupenda. El bañador era de aquéllos antiguos con tirantes, de punto, a rayas blancas y negras —bueno, la foto era en blanco y negro, así que no se podía saber si el bañador era de algún otro color, pero la Mary dijo que ni pensarlo, que los bañadores de colorines eran para las mariquitas como Cigala, el manicura, que los machotes como tío Ramón sólo iban en blanco y negro, en gris todo lo más— y le sentaba estupendamente. La Mary me dijo fíjate qué jechuras tiene el mamonazo, y qué apretura de carnes y que bulto tan grandísimo marca, por Dios. Yo una vez había visto a mi padre en la playa con un bañador de aquéllos y le sentaba fatal, y un día le pregunté a mi madre que por qué papá no tenía músculos como el novio de Antonia, el marinerito de San Fernando, que era boxeador amater y, cuando estaba de permiso y venía a la playa o a las dunas con nosotros, se pasaba todo el tiempo haciendo flexiones. Mi madre me dijo papá tiene algo mucho más importante, que es la inteligencia, pero la verdad es que, con un bañador de punto, a mi padre la inteligencia no se le notaba nada. Menos mal que mi padre iba poquísimo a la playa, lo suyo era el Instituto, donde daba clases de química, y leer todo el santo día en el despachito que mamá le había preparado en casa, un sitio donde no se podía entrar sino para darle a papá las buenas noches; tanto yo como Manolín y Diego comprendíamos que a mi padre no se le podía molestar. A mi madre, en cambio, sí podíamos molestarla, aunque se pusiese hecha una fiera.

Lo raro era que aquella foto de tío Ramón en bañador estaba hecha allí mismo, en su dormitorio, en casa de los abuelos. Yo me di cuenta en seguida. Le dije a la Mary oye, fíjate, tío Ramón se hizo esta foto ahí, apoyado en la puerta del cierro, y la Mary al principio dijo que no, que valiente pamplina, pero luego tuvo que reconocer que yo tenía razón.

—Entonces —le pregunté—, ¿quién le hizo la foto?

Aquello sí que era un misterio. Porque no se la iban a haber hecho ni la abuela ni el abuelo ni tía Blanca ni mucho menos tío Ricardo o la tata Caridad. No pegaba nada. Así que la Mary dijo pues lo mismo se trajo una fulana a que se lo hiciera todo, y yo vi que hasta se le saltaban las lágrimas al decirlo. La verdad es que yo no lo entendía muy bien, porque la Mary tenía cuatro novios y los cuatro venían, uno cada noche, a echar el ratito con ella en la casapuerta, así que no tenía por qué andar con la bandurria desafinada, como decía Antonia cada vez que se tiraba dos o tres meses sin ver a su marinerito, pero también podía ser que ninguno de los cuatro novios de la Mary tuviese las hechuras —ella decía siempre jechuras, que sonaba más vicioso— ni la apretura de carnes ni el bulto tan exagerado que marcaba tío Ramón en el bañador de punto.

—Y qué lástima —dijo la Mary— que en esta foto no se le vean los ojos bien, con los ojos tan verdes y tan preciosísimos que tiene.

Los ojos de tío Ramón también le gustaban una barbaridad, por lo visto, a Cigala, el manicura, que cada vez que venía a hacerle las manos a tía Blanca o a mi madre preguntaba por él y siempre le echaba un piropo, como decía mi madre, en ausencia. Si tío Ramón estaba en casa y Cigala se lo encontraba por el pasillo, el piropo se lo echaba igual —pero de cuerpo presente, como decía la Mary—, qué ojos tan lindos tiene usted, señorito Ramón, y entonces tío Ramón volvía la cara y escupía. Según la Mary, eso a Cigala lo ponía todavía más cachondo.

—Con esta foto me van a enterrar a mí —dijo la Mary, como en un trance, y se la guardó deprisa y corriendo en la pechera.

Todo lo demás se lo metió en el bolsillo del uniforme, debajo del delantal, menos la postal de Federico que yo me quedé.

Y fue un poco milagroso que a ella le diese el ventarrón de quitarlo todo de en medio, porque casi en seguida las señoras de la tertulia empezaron a despedirse y algunas entraron en mi cuarto a decirme adiós y a ver si te mejoras, guapito, que había que ver lo guapísimo que yo era cuando tenía diez años —aunque mi padre decía que los hombres no son guapos por fuera sino por dentro, y que ésa era la belleza masculina que él apreciaba. Reglita Martínez, la pobre, me preguntó que si me habían gustado las chocolatinas y le dije que sí, aunque ni las había probado. Pues sí que estaba yo para chocolatinas, con todas aquellas emociones.

Luego, como todos los días, empezó a entrarme la flojera y a subirme un poco la temperatura. Para mí, aquélla era la peor hora. La Mary tenía que irse a preparar la mesa para la cena de los abuelos, y era como si de pronto la casa se quedara vacía. No se escuchaba nada, ni siquiera el trajín de la Mary que no paraba ni un momento. Sólo las campanas de la Parroquial llamando para el rosario. A mí, cuando me entraba la destemplanza y aquella modorra que me ponía un cuerpo rarísimo, lo único que me apetecía era dormir.

Aquella noche, sin embargo, no me entró sueño alguno. Me sentía como en la noche de Reyes, nervioso perdido, pero cuando la abuela entró a darme un vaso de leche yo cerré los ojos y me puse a respirar despacito, como si estuviera frito de verdad, y cuando la abuela me llamó yo me hice el longui. Me besó en la frente y escuché cómo decía qué chiquillo tan precioso, es un ángel del cielo.

Al cabo de un rato, en la casa no se oía ni un suspiro. Supongo que tío Ricardo todavía no había empezado su excursión, las palomas estarían dormidas, la bisabuela Carmen se habría aburrido de contarse todas sus imaginaciones sobre los bandoleros, y las ánimas del purgatorio andarían organizando en voz baja la serenata de cada noche. Había luna llena y por el cierro entraba mucha claridad. Yo empecé a dar vueltas y vueltas en la cama y no podía dejar de pensar en aquella foto de tío Ramón y en la postal de Federico. Estaba empapado de sudor. Me levanté despacito y sentí que me mareaba un poco, como si el suelo estuviese más bajo de lo que yo pensaba. Me quité el pijama y me quedé en calzoncillos, unos calzoncillos blancos de algodón, de los que mi madre nos había comprado a todos —también a mi padre— porque decía que eran más cómodos y más higiénicos que los de tela con perniles. Noté que me entraban escalofríos, y me asusté un poco porque a lo mejor la fiebre estaba subiéndome más que nunca. Pero quería verme allí, en el espejo, en la luna del armario, en la misma postura que tenía en la foto tío Ramón. No sé por qué. Quería verme igual que él. Así que fui a abrir un poco la puerta del armario y pegué un respingo cuando la madera crujió, pero después todo siguió en silencio y puse el espejo de manera que pudiera verme desde el cierro, desde el mismo sitio en el que estaba tío Ramón cuando le hicieron la foto. Yo estaba muy delgado y tampoco a mí, con aquellos calzoncillos, se me notaba el bulto ni la inteligencia. Tenía frío, y eso que había oído a la abuela pidiéndole a la Mary que dejase abierta toda la galería, porque aquella noche había bochorno. La claridad que entraba por el cierro me daba un color raro, como si brillase. Yo notaba en la cara el cosquilleo de la calentura, y me daban ganas de dejar caer un poco la cabeza, era como si alguien a quien no veía estuviera acariciándome. Me gustaba, y a la vez me daba miedo que me acariciaran así. Qué lástima que no pueda verme los ojos, pensé, porque el espejo estaba demasiado lejos. Fui acercándome poco a poco, muy despacio, como si flotase y el aire o aquella claridad de la luna me empujasen suavemente. De pronto, me di cuenta de que ya me veía los ojos y sentí una punzada en el cuello, por detrás. Y no sé por qué lo hice. Me quité casi sin darme cuenta los calzoncillos y de pronto me dio por pensar que estaba sonámbulo, pero no era cierto, yo estaba más despierto que nunca. Y asustado. Me entró de repente un miedo horroroso, no sabía por qué, a lo mejor porque nunca antes había estado así, solo y desnudo y mirándome a los ojos. Y otra vez sentí que me mareaba, como si el suelo se hubiera hundido de pronto una cuarta. Y me encogí, como la primera vez que me dio el dolor y me quedé doblado, sin poder respirar, sin poder moverme. Me encogí otra vez como si estuvieran a punto de darme una paliza. Y me di cuenta de que estaba tiritando. Y busqué a tientas los calzoncillos y el pijama y me lo puse todo de mala manera y me pegué en el dedo chico del pie con la pata de la cama —me dolió tanto que pensé que iba a quedarme cojo para siempre— y me tiré en la cama boca abajo, para no ver la luna del armario, y me tapé hasta la coronilla con la sábana porque estaba temblando de fiebre y porque tenía el corazón pegándome saltos, como si alguien me persiguiera.

¿Por qué puerta entrará el desconocido?

No me quedé dormido hasta que empezó a amanecer. Y la noche fue tan larga que hubo un momento en que llegué a pensar que me había hecho viejísimo y que había crecido horrores. Porque, por una parte, recordaba las cosas como si todas ellas me hubieran pasado muchas veces y no fueran nunca a dejarme en paz, y, por otra, en cuanto me movía un poco se me salían los pies fuera de la cama y tuve que pasarme toda la noche encogido, acurrucado, sin darme cuenta de que me había puesto atravesado, con toda la ropa hecha un revoltijo. De manera que abría los ojos y miraba en medio de la oscuridad y no distinguía nada, pero no porque estuviera demasiado oscuro –que por el cierro entraba la claridad de la luna–, sino porque me empeñaba en ver lo que no podía ver, ya que no estaba mirando hacia donde yo creía que miraba. No distinguía el reflejo de la luna del armario, ni el hueco de la puerta del gabinete, que siempre estaba abierta, ni siquiera me daba cuenta de que por el cierro tenía que entrar un poco de luz y, si no lo veía, era porque estaba mirando hacia otra parte, acostado en la cama de cualquier forma. Empecé a sentirme mareado, como si de pronto todo en la habitación hubiera cambiado de sitio y por las puertas, ahora en lugares diferentes, pudiese entrar algún desconocido. De pronto se me ocurrió que las puertas y el cierro de aquel cuarto daban ahora a sitios que yo no conocía, carboneras o bodegas que quizás ya en la casa no recordaba nadie, pasadizos secretos que iban a dar a habitaciones abandonadas en las que podía esconderse cualquiera, patios tapiados desde hacía muchos años, pero con alguien que se hubiera quedado dentro y se alimentara sólo de los bichos que seguían colándose por las grietas de la pared, sobre todo ratas y salamanquesas, y otros lugares que se habían olvidado porque alguien alguna vez los había mandado cerrar para siempre, aunque seguían allí, en la casa. Eran lugares de los que ahora, al cambiar de sitio las puertas de la habitación de tío Ramón, podía salir cualquiera que hubiese estado allí escondido o prisionero. Las cuatro puertas y el cierro del dormitorio se habían movido y donde antes estaban ya sólo había pared, por eso no veía yo el resplandor de la luna ni distinguía el brillo del espejo ni escuchaba los pasos de tío Ricardo por la galería ni el parloterío destartalado de la bisabuela Carmen, que según decía la Mary había noches en las que hasta gritaba pidiendo auxilio, ni podía oír las voces roncas y vengativas de nuestros antepasados amontonados en el mirador, en aquellos retratos tan elegantes, pero con sus almas amarradas a la cancela del purgatorio mientras no se dijeran por ellos las misas que necesitaban. Oía pasos, sí, pero se me antojaban de alguien a quien se le hubiera olvidado andar y necesitara ayuda o quizás chupar sangre fresca para escaparse y recuperar los bríos y preparar la forma de vengarse de toda mi familia. Oía susurros, pero venían del techo, y a lo mejor alguna de las puertas se había puesto allí, encima de mí, y quizás un viejo esquelético y sucio, lleno de greñas, con los dientes podridos, con las manos como patas de una gallina gigante, se me abalanzaba de golpe y me mordía y me abría un agujero en el pecho para sacarme el corazón. Yo trataba de no moverme, de no respirar hasta sentir que me ahogaba, de mantener los ojos muy abiertos por si era capaz de distinguir si algo se movía, si algo brillaba, si alguna puerta, en algún lugar, empezaba a abrirse lentamente, y a lo mejor si aguantaba la respiración y no movía ni un músculo y ni siquiera tragaba saliva conseguía que, quienquiera que fuese el que entrara en el dormitorio, no se diera cuenta de que yo estaba allí y pasara de largo —porque de nada iba a servirme gritar, ni la abuela ni la Mary ni nadie iba a saber por dónde entrar para ayudarme, ya las puertas no estaban donde ellos creían—, pero lo único que no conseguía controlar era aquellos temblores del corazón, que parecía empeñado en descubrirme.

¿Por qué puerta entrará el desconocido? Eso era lo que preguntaba el capitán Valiente en aquel teatro zarrapastroso que ponían en la Plaza de la Pescadería, a principios de verano. Era un tenderete pintado de colorines y que aguantaba una semana como mucho. Luego se iban a otro pueblo y a Antonia le duraba el disgusto por lo menos dos días. Porque Antonia estaba por los huesos del capitán Valiente, las cosas como son —yo le decía que iba a chivarme al marinerito de San Fernando—, y se las arreglaba para llevarnos todas las tardes, durante aquella semana, a ver la obra, y todo el mundo se la sabía ya de memoria porque todos los años era la misma. Nosotros la vimos tres años seguidos —Antonia nos llevaba a Manolín y a mí, porque Diego era muy chico para ir al teatro— y si, alguna vez, el capitán Valiente se equivocaba el público le corregía a grito pelado. El escenario era sólo una tarima y había un telón con tres puertas, y el escenario era primero un castillo y después una cárcel sin que cambiara nada, pero el capitán Valiente lo hacía tan requetebién, según Antonia, que te lo creías todo. Al final de la función, con el capitán prisionero, el rey le daba la oportunidad de salvarse si vencía a un guerrero desconocido en una lucha a espada, y entonces era cuando el capitán le hacía al público aquella pregunta, ¿por qué puerta entrará el desconocido?, porque eso era lo único que cambiaba de un día a otro, y se armaba un guirigay grandísimo, todo el mundo chillaba y avisaba al capitán cuando una de las puertas se abría un poquito y a mí siempre me entraban ganas de hacer pipí de la emoción que me entraba. El final era muy alegre y muy triste al mismo tiempo, porque el capitán siempre ganaba, claro, hería de muerte a su enemigo, pero descubría que aquel desconocido era su propio hermano, que le había traicionado y que acababa muriendo después de que el capitán lo perdonase. Antonia lloraba siempre como una descosida y luego nos llevaba a un bar a comer gambas o altramuces, según el dinero que tuviera, hasta que se le pasaba el sofocón.

Aquella noche, en casa de mis abuelos, yo empecé a escuchar la pregunta del capitán Valiente. Pero no era la voz del capitán Valiente la que yo escuchaba, sino como un eco que iba arrastrándose por el aire oscuro de la habitación como si fuera un lagarto, y de vez en cuando se posaba en la cama y se me iba acercando poco a poco hasta hacerme junto a la oreja aquella pregunta: ¿Por qué puerta entrará el desconocido? Y yo ya no podía encogerme más, ya no podía apretarme más el pecho con los brazos, para que el corazón se me frenase un poco, ya no podía estarme más quieto de lo que estaba sin empezar a sentir que me estaba muriendo. Alguien iba a entrar en el dormitorio en cualquier momento, de eso ya no me cabía la menor duda, y estaba seguro de que iba a lastimarme. Venía tan despacio, tan tapado, que era como un montón de oscuridad que iba moviéndose a cámara lenta y sin hacer ruido, sin que yo fuera capaz de distinguirlo hasta que me agarrase por los hombros. A lo mejor estaba tan cerca de mí que la respiración que yo escuchaba, tan apagada, no era mi respiración, sino la de aquel desconocido que estaba quitándome el aire hasta conseguir que me asfixiara. Si lograba no mover ni un dedo, si lograba no rozar siquiera el manto negro y frío de aquel extraño que quería ahogarme, podía pasar por muerto y que se desentendiera de mí. Pero, ¿y si era un muerto que quería arrastrarme hasta su tumba? ¿Y si era un alma en pena? A lo mejor era el alma de tío Ramón, que había tenido un accidente, y no quería hacerme daño, sólo quería que yo tuviese una revelación, a lo mejor el espíritu de tío Ramón quería decirme algo, quería servirse de mí para que los abuelos supiesen dónde estaba, o quería castigarme por estar ocupando su sitio en aquella habitación, quería echarme de allí para que él pudiera descansar en paz. El hermano Gerardo nos contó una vez en clase que a un soldado cristiano se le apareció en plena batalla un hermano suyo al que acababan de matar los herejes en Roma, y el espíritu del muerto le pidió al soldado que fuera inmediatamente a casa de sus padres porque necesitaban consuelo, pero el soldado cristiano no quería ir para que no le condenasen por desertor, y el espíritu le dijo vete tranquilo que yo me quedaré aquí en tu lugar, y el soldado tuvo fe y abandonó el frente para consolar a sus padres, y el espíritu del muerto, con la apariencia del vivo, fue el héroe de aquella batalla, de modo que el emperador quiso condecorar a aquel soldado, pero el soldado, que hasta entonces había ocultado que era cristiano por miedo al martirio, declaró públicamente su fe, fortalecido por el milagro, y lo hicieron mártir. Se lo conté a mi madre y mi madre dijo pues menuda faena le hizo el hermanito muerto al pobre soldado. Y eso fue lo que yo empecé a pensar aquella noche, que el espíritu de tío Ramón quería hacerme una faena, a lo mejor quería asustarme tanto que yo ya no quisiera seguir allí, en su dormitorio, o a lo mejor quería corromperme para que yo me volviese como él, un balarrasa y un perdido, que el hermano Gerardo decía siempre que los pecadores son capaces de hacer cualquier cosa para que todo el mundo se vuelva pecador. Pero si tío Ramón, vivo o muerto, quería corromperme, ¿por qué tenía además que hacerme pasar un mal rato? Si tío Ramón me hubiese dicho por las buenas que iba a corromperme, yo ni me habría asustado ni nada, hasta creo que en el fondo me habría llevado una alegría, porque ya decía tía Emilia, la hermana solterona de mi padre, que tío Ramón era un bandido y un bribón, pero que tenía mucho estilo y mucho gancho. Lo malo era aquella manera de hacerlo. Yo estaba tan quieto que me dolía el cuerpo entero de tanto aguantarme las ganas de moverme. Me escocían los ojos de tanto empeñarme en tenerlos abiertos, hasta que ya no tenía más remedio que pestañear, y entonces lo hacía muy deprisa, como si no quisiera que el espíritu de tío Ramón o quienquiera que fuese me pillara a ciegas o desprevenido. Y estaba ardiendo, pero no sabía si era de miedo o de fiebre. Y así durante toda la noche, hasta que de pronto me dio por pensar que tío Ramón no iba a martirizarme, que sólo quería advertirme algo, que a lo mejor quería estar conmigo antes de irse de una vez al otro mundo, o que sólo quería dormir por última vez en su cama, sólo eso, y empecé a tranquilizarme, porque era como si yo fuese el capitán Valiente y supiera de antemano que el desconocido que venía contra mí no era tal desconocido, y como si ya no me importase la puerta por la que iba a entrar, aunque crujiera un poco al entreabrirse. Ya no me importaba que las puertas dieran a los sitios más oscuros y más fríos. Ya no me importaba que se oyesen todavía aquellas pisadas arrastrándose junto a las paredes de la habitación, aquellos murmullos en el techo, aquel eco como un lagarto por encima de las sábanas y aquellos latidos de mi corazón que se encargaba de recordarme que aún estaba asustado. Quienquiera que fuese, quizás ya estaba en la habitación. El colchón tembló un poco. Me pareció escuchar, a lo lejos, el sonido de una campana. Alguien se había sentado a los pies de la cama y repetía una y otra vez, en un susurro, ¿por qué puerta entrará el desconocido? Era como si quisiera hipnotizarme. Sin querer, respiré hondo y no me esperaba, en medio de aquel silencio, hacer tanto ruido. Cerré los ojos y no supe que me estaba durmiendo, aunque sabía que estaba empezando a amanecer. Cuando la Mary, como todos los días, entró en mi habitación armando bulla y anunciándome como una cotorra por ahí viene tu tía Blanca con carita de arrepentimiento, yo pegué un respingo y me llevé un susto de muerte al ver que estaba agarrando una mano que no era la mía. Pero sí que era mi mano. La izquierda. Sólo que se me había dormido por la mala postura que tuve durante toda la noche y casi no la sentía. No podía moverla. Parecía de cartón. Y además era como si me saliera de la barriga y a mí se me antojó que era la mano de otro. La mano de un desconocido. Entonces, no sé por qué, se me ocurrió pensar que a lo mejor quien me perseguía, durante toda la noche, no venía de fuera, sino que me salía de dentro, porque a lo mejor dentro de mí había una puerta secreta.

La buena nueva

Durante unos días volví a tener fiebre alta y mis padres vinieron apuradísimos, como si tuviesen remordimientos. Desde que me llevaron a casa de los abuelos sólo pudieron ir dos días a verme, de modo que, si me hubiera dado un colapso y me hubiera muerto, se les habría quedado un cargo de conciencia para toda la vida. A lo mejor mi madre, por el luto, hasta tenía que dejar de ir a jugar a la canasta a casa de las Caballero, y ésa sí que hubiera sido una penitencia por haberme tenido tan abandonado.

Menos mal que José Joaquín García Vela tranquilizó a todo el mundo diciendo que era una cosa pasajera y sin importancia. Yo ya me barruntaba que José Joaquín García Vela era un médico muy churri, pero además de sicología no tenía ni idea. Por supuesto, no le dije nada de aquellos desarreglos que había sentido en el corazón, y es que estaba seguro de que aquel medicucho de tres al cuarto no sabía nada de corazones. Luego, cuando se presentó en la casa tía Victoria para pasar el verano, me di cuenta de que algo sí que sabía José Joaquín García Vela de los males del corazón, pero si no podía curarse los suyos mal podía ponerles remedio a los de los demás. Así que lo del corazón, por el momento, a mí se me curó solo y la Mary, cuando vio que ya me encontraba bien —o por lo menos eso parecía—, me dijo que menos mal que no me había chivado.

—Si te llegas a chivar, te corto las castañuelas.

Luego me contó la noticia del día, y el alboroto que se había armado:

—Tu tía Victoria ha mandado un telegrama diciendo que viene. Cualquiera sabe, picha, lo que ha pasado. Todo el mundo anda revuelto.

Si la Mary no me lo hubiese dicho, yo no habría tardado ni una hora en darme cuenta. Porque cuando llegó el telegrama de tía Victoria, mi corazón había dejado ya de pegar saltos, pero empezaron a darlos los de los demás. La noticia causó verdadera conmoción. Tía Victoria había mandado un telegrama medio estrafalario, porque, según la Mary, los telegramas son para decir cuatro palabras a palo seco, sólo lo justo, y tía Victoria, en cambio, si se descuida un poco, escribe el pregón de la Fiesta de la Vendimia. Cosas de artista, dijo la Mary.

La noticia sirvió por lo menos para que mi madre me hiciera otra visita, sin quejarse por haberse perdido otra partida de canasta con las Caballero. Tía Blanca y mi madre mantuvieron con la abuela una reunión extraordinaria para comentar la novedad y tratar de averiguar lo que podía haber ocurrido, sobre todo porque no era corriente que tía Victoria advirtiera de su intención de aparecer por allí, siempre lo hacía por las buenas y sin pararse a pensar que en algún momento pudiera ser inoportuna. La reunión la tuvieron, ellas solas, a las tres de la tarde, cuando en aquella casa todo el mundo dormía la siesta. Pero como la hicieron en el gabinete y tuvieron que dejar las puertas abiertas por el calor, yo pude escucharlo todo.

—¿Qué querrá decir —preguntó mi madre— con esto de que en Viena ya no quedan húsares?

—Será alguna picardía de las suyas —dijo tía Blanca, que era con mucho la más excitada por la noticia—. Lo que no entiendo es qué está haciendo en Viena. ¿No son comunistas allí?

Ni mi madre ni mi abuela tenían la menor idea de si en Viena la gente era comunista o no, aunque mi madre decía que tía Blanca veía comunistas por todas partes y que no había que hacerle caso. De cualquier manera —y, sobre todo, teniendo en cuenta que entre las tres decidieron que Viena estaba probablemente a un paso de Rusia—, lo más prudente era no mentar ese detalle a las amistades, porque ya lo único que les faltaba a los Calderón Lebert era una roja en la familia.

—El telegrama no se le enseña a nadie —decidió tía Blanca.

De lo que decía exactamente el telegrama yo no había conseguido enterarme. La Mary me juró que ella lo había leído, pero que era larguísimo y parecía un discurso, y que lo único que estaba claro era que el día 30 de junio llegaban. Porque no venía sola, el telegrama eso también lo decía.

—¿Con quién vendrá? —tía Blanca parecía que iba a explotar de impaciencia en cualquier momento—. Aquí no se anda con rodeos: «Llegaremos a la estación de Jerez el día 30 a las nueve y media de la noche». Llegaremos. No se habrá casado, ¿verdad?

—Si viene con un hombre —observó mi abuela pacíficamente—, será mejor que se haya casado, niña.

A tía Blanca, al parecer, ni se le había pasado por la cabeza el que tía Victoria se presentase con un querido y se puso a dar chillidos para demostrar que estaba escandalizadísima. Mi madre intentó tranquilizarla un poco:

—Mujer, a lo mejor es sólo una manera de hablar. Ya sabes cómo es, se muere por llamar la atención. Seguro que se refiere a su equipaje, por ejemplo. Después de todo, le salía por lo mismo.

Yo la última frase de mi madre no la entendí muy bien, pero más tarde la Mary me explicó que los telegramas los cobran por palabras, sin que importe que estén en masculino o en femenino, en singular o en plural, o como sea, siempre que se ponga todo junto.

Por supuesto, tía Blanca no se tranquilizó en absoluto y en seguida pasó a compadecer a la bisabuela Carmen por aquella hija que le había salido tan ligera de cascos y que iba a darle los disgustos más grandes a la vejez —para mí no quedó muy claro si se refería a la vejez de la tía Victoria, de la bisabuela Carmen o de las dos—. Además, y según me contó la Mary, tía Victoria había mandado el telegrama a nombre de la bisabuela Carmen —y, al parecer, mi madre había comentado que eso era lo que establecía el protocolo—, pero la bisabuela Carmen, gracias a Dios, ya no estaba para telegramas ni para películas de suspense, y aunque la señorita Adoración se lo leyó, la mar de ceremoniosa, ella despachó el asunto con una pedorreta. A mi madre eso le hacía una gracia horrorosa.

—Pues no tiene ninguna gracia —dijo tía Blanca, sofocadísima—. Ya era lo único que nos faltaba.

Definitivamente, tía Blanca no tenía su tarde. Era imposible saber si lo único que nos faltaba era el chufleo de mi madre, la pedorreta de la bisabuela Carmen o el hecho de que tía Victoria apareciera de pronto con uno de aquellos pretendientes de quienes toda la familia conocía cartas y postales y aquellos nombres tan complicadísimos, pero jamás una foto. Por eso tía Blanca, que no paraba de mirar por el buen nombre de la familia, sugirió una vez que todo era un invento de tía Victoria para armar un poco de bulla, pero que ella misma lo escribía todo o se lo daba a escribir a cualquiera. Mi madre decía que aquello era una mentira piadosa que tía Blanca se contaba a sí misma para no ponerse frenética.

—Lo mejor —recomendó mi abuela, muy sensata— es decirle a la gente, simplemente, que Victoria viene a pasar unos días y, si alguien quiere saber detalles, se le dice que no sabemos nada. A lo mejor después resulta que no es para tanto.

Mi madre estuvo de acuerdo con la abuela, pero tía Blanca no estaba dispuesta a dejar de dar la murga y no paraba de decir puede ser horroroso, horroroso, horroroso; cualquiera diría que estaba decidida a irse a Viena inmediatamente, aunque aquello estuviera lleno de comunistas y de herejes, a enterarse de todo antes que nadie.

Yo no comprendía por qué tía Blanca, por muy decente que fuese, se descomponía tanto. Tía Victoria podía estar un poco desquiciada, pero era la mar de divertida y contaba los embustes más exagerados como una artista de cine o como si estuviera leyendo por la radio un serial. Cuando ella estaba en la casa, había tardes en que la tertulia de la abuela parecía el Teatro Principal, el gabinete se ponía de bote en bote y había que traer sillas hasta de los cuartos de las criadas. ¿Y qué había de malo en que viniese con un novio? La Mary también pensaba que iba a ser un escandalazo, pero si tía Victoria llegaba con un novio sería porque le hacía falta para algo, y la Mary me dijo con mucha guasa que eso era verdad y que cada una podía hacer con su dinero lo que le saliera del chocho.

—¿Qué tiene que ver una cosa con otra?

—¿Qué tiene que ver el qué?

—El dinero con el noviazgo.

—Picha, no preguntes tanto que después te sube la fiebre.

La Mary muchas veces era así, me dejaba con la palabra en la boca, pero cuando tenía ganas de potrear un poco, bien que se echaba conmigo en la cama y se ponía morada de hacerme cosquillas y manosearme.

—A ti lo que te pasa —le dije una vez, mientras me retorcía debajo de ella, que era mucho más fuerte que yo— es que te pica la permanente.

Eso se lo escuché yo un día a Antonia, hablando con mucha tirria de otra que por lo visto iba detrás de su marinerito de San Fernando, y me hizo un montón de gracia.

—No seas borde, niño. ¿A ti quién te enseña esas cosas?

Yo le dije que no me las enseñaba nadie y que se me ocurrían a mí solo, y ella dijo joé con el niño y me miró como si acabara de hacer algo importante.

Pero yo lo que quería era que me contase lo que se decía por ahí, porque yo sólo podía enterarme de lo que se hablaba en el gabinete, y ella si estaba de buenas me lo contaba todo, pero, de lo contrario, me decía que no fuera tan cocinilla y tan sarasa.

—Y mi abuelo ¿qué dice? ¿Sabe ya que viene tía Victoria?

—Niño, que me dejes en paz.

Yo creo, claro, que ella no tenía ni idea, porque el abuelo siempre fue muy reservado y muy especial para todas sus cosas. Uno nunca sabía lo que estaba pensando de verdad y en las tertulias del escritorio también él era el que menos hablaba. Claro que yo no sé si los hombres llegaron a comentar lo de tía Victoria, pero desde luego entre las visitas de mi abuela la noticia fue el motivo casi único de conversación durante toda la semana anterior al 30 de junio, y conforme se iba acercando la fecha el entusiasmo de todas las señoras era cada vez mayor, cada vez se ponían más pesadas preguntando cosas. Que de dónde venía esta vez. Que si ya había terminado con el conde ruso que la obligaba a desayunar a diario huevos pasados por agua con caviar y champán. Que si era cierto lo que alguien había contado en La Ibense —la cafetería, en la Plaza Cabildo, donde se pasaba revista al dedillo a todo el pueblo— de que Victoria Calderón Lebert había abierto un merendero cerca de Estoril donde se reunían todos los partidarios de don Juan cuando se acercaban por allí en peregrinación, desde Pemán hasta Cigala el manicura que siempre era más monárquico que nadie. Que cómo serían los modelos de la última moda de París que traería esta vez, tan elegante como era y con tantísimo caché como tenía. Que si José Joaquín García Vela conocía ya la noticia.

La Mary me dijo que ella ya había oído rumores de que José Joaquín García Vela, el médico, había estado siempre enamoradísimo de tía Victoria. La gente decía que por eso se había quedado soltero y andaba el pobre siempre tan desastrado, porque la tía Victoria le había dado calabazas cuando eran jovencillos y le había prohibido, además, que volviera a pedirle relaciones en toda su vida. José Joaquín García Vela no tenía a nadie que le cuidase y andaba por ahí hecho un adefesio, vestido como un espantapájaros y con unos lamparones en la ropa que nadie comprendía cómo no le daba vergüenza ir así.

—El amor... —decía tía Blanca, poniendo cara de verdadera experta.

Yo ahora sé, después de lo que pasó en aquel verano, que eso es verdad. Quiero decir, que el amor puede dejar a un hombre —y mucho más a un chiquillo de diez años— hecho una aljofifa, sin ganas de nada, hasta sin conocimiento, y mucho peor todavía si uno quiere y no le hacen caso. Antes, cuando se lo escuchaba decir a tía Blanca con aquella cara que ponía de pánfila con sofocos, me parecía una exageración.

Estuve a punto de preguntárselo a José Joaquín cuando fue a verme —porque subía siempre a mi habitación dos veces por semana, me tomaba el pulso y me ponía el termómetro y, en el pecho y en la espalda, ese aparato que está muy frío y que tiene unos cordones o unas gomas por donde el médico escucha mientras te hace respirar y decir treinta y tres—, me faltó un pelo para preguntarle si era verdad que él había sido pretendiente de la tía Victoria, y entonces ni se me ocurrió que con eso pudiera achararlo.

Menos mal que me arrepentí a tiempo.

Y me arrepentí porque de pronto me di cuenta de que se había vestido de domingo, con un traje raro porque parecía de otros tiempos, pero muy planchado y sin un roce, igual que la camisa, que tenía el cuello y los puños tiesos de almidón, y una corbata negra con un nudo perfecto, y se había cortado el pelo y seguro que se había echado por lo menos medio litro de colonia, sólo había que ver cómo olía. Estaba la mar de nervioso. Tan nervioso que me dijo:

—Machote, esto va mucho mejor. Te sentará bien el levantarte un poquito todos los días.

Casi le doy un beso de lo contento que me puse. El también parecía contento, como si se hubiera ajumado un poquito.

—No hay nada mejor que dar buenas noticias —le dijo a la abuela alegremente.

Aquella misma noche llegaba tía Victoria.

Julio

La moda italiana

Si José Joaquín García Vela te ha dicho que puedes levantarte, ni se te ocurra moverte de la cama, dijo tía Victoria, y se echó a reír como se reía siempre el capitán Valiente cuando le metía al enemigo una estocada. Pero tía Victoria decía, sin dejar de hacer cucamonas, que José Joaquín no era su enemigo, por Dios, qué ocurrencia, pero que ella no podía dejar de candonguearse de él en cuanto se lo echaba a la cara, no lo podía remediar, era como un disloque que se le ponía en la lengua y se liaba sin parar a chuflearse del pobre médico, pero que él sabía perfectamente que ella no lo hacía con mala intención, que lo hacía hasta con cariño. Entonces fue cuando yo empecé a comprender que hay cariños que fastidian mucho.

—Pero también hay fastidios que dan mucho gusto —me dijo la Mary poniendo cara de santa Cecilia, con los ojitos vueltos para arriba, cuando hablamos de la manera que tenía tía Victoria de tratar al pánfilo de José Joaquín.

Y la Mary tenía que llevar razón, porque, desde que llegó tía Victoria, José Joaquín García Vela se pasaba por la casa un montón de veces todos los días. La Mary y yo nos dimos cuenta de que se había comprado ropa nueva y de que seguramente se estaba gastando todos sus ahorros en colonia, a veces tía Victoria hasta le decía anda, José Joaquín, quédate al lado del cierro que nos atufas, y el pobre José Joaquín obedecía como un corderito.

En los primeros días después de la llegada de tía Victoria, cada vez que José Joaquín García Vela aparecía por la casa subía a mi habitación, a preocuparse por mi salud —que era la excusa que ponía siempre, porque le daba achare confesar la verdad—, pero se quedaba con dos palmos de narices, porque tía Victoria estaba en su habitación, en la otra punta de la casa, despachando con su secretario, como decía la Mary con mucho retintineo. Y es que la tía Victoria se había traído un secretario con el que despachaba a diario como una fanática, según la Mary, y cuando la Mary se lo decía al médico, con muy mala idea, a José Joaquín parecía que le daba el beriberi y hasta se le saltaban las lágrimas. Pero José Joaquín no escarmentaba, estaba clarísimo que se calentaba con el sufrimiento, eso decía la Mary, que también decía que ella procuraba no fijarse mucho porque le entraba fatiga sólo con pensar que aquel camastrón se ponía verriondo con el maltrato. Luego, poco a poco, José Joaquín empezó a calcular con bastante buen tino el poco tiempo que tía Victoria pasaba conmigo, bien en mi habitación, bien en la salita que ella tenía junto a su cuarto y a la que nos trasladábamos cuando yo me ponía muy jartible y convencía a la abuela de que me dejara levantarme un poco, que no tenía décimas y no había que preocuparse por que me volviera la destemplanza. Allí, en la salita de tía Victoria, mirábamos juntos montones de revistas que ella se había traído en una maleta, mientras el secretario hacía gimnasia y posturitas en la azotea, y allí se dedicaba José Joaquín a tomarme el pulso, hacerme respirar como si acabara de echarme una carrera desde el Barrio Bajo y ponerse carabreca mirando a tía Victoria y aguantando con la paciencia de un santojob el pitorreo tan horroroso que tía Victoria se traía con él.

—Por Dios, José Joaquín, abróchate la portañuela que no respondo de mi reputación —decía de pronto tía Victoria, haciendo como que también ella se estaba recalentando. A José Joaquín le entraba un apuro grandísimo y se volvía de espaldas para mirarse la bragueta, que ni estaba desabrochada ni nada, y todos nos reíamos un montón. Algunas noches, cuando yo volvía a mi cama y me quedaba solo en mi habitación, pensaba que a mí me daría mucho coraje que se rieran en mi cara por culpa de un enamoramiento. Claro que eso era antes de que, por culpa de un enamoramiento, primero se rieran de mí y después me echaran una maldición.

La mayoría de las noches, sin embargo, antes de dormirme, mientras daba vueltas en la cama por culpa del calor tan exagerado que llegó de golpe aquel verano, a principios de julio, yo en lo que más pensaba era en la vida tan estupenda que se pegaba tía Victoria. Siempre de viaje, siempre parando en hoteles elegantísimos de ciudades preciosas, siempre con un secretario muy llamativote con el que despachaba de miedo, según la Mary, y siempre con un equipo sensacional, todo a la última moda, que aquel año por lo visto era la italiana, telas muy alegres y muy ligeritas, faldas de mucho vuelo, escotes exageradísimos para cualquiera, pero más para una señora de su edad, como decía tía Blanca, medio descompuesta; siempre de punta en blanco y con ganas de pasárselo bien, tía Victoria era diferente a todas las señoras, mujeres o gachises que había conocido en mi vida, y muchas noches, en la cama, pensaba cuánto me gustaría ser como ella.

Me imaginaba como tía Victoria, haciendo una entrada tan sensacional como la que ella hizo cuando llegó a casa de mis abuelos, que en realidad era también su casa, y me sentía en la gloria. Me sentía como cuando tía Blanca se ajumaba un poquito y se ponía muy contenta y parecía otra, parecía una mujer de mundo, como decía tía Victoria que ella era. El vino a veces tiene eso, decía la Mary, que a la gente un poco cenizo la hace parecer mejor de lo que es. Y eso fue lo que pasó con la llegada de tía Victoria, que fue como una borrachera, en el patio se formó un gentío para recibirla y todo el mundo parecía medio piripi, y el que más José Joaquín García Vela, que ése hasta daba camballadas, él se había inventado una patulea de chilindrinas para quedarse en el escritorio con el abuelo hasta las tantas, y a lo mejor hasta era verdad que se había puesto de grana y oro con la manzanilla, a cuenta de los nervios que se le habían metido en el estómago, y lo de la curda no era una figuración mía, era un amenjesús. Pero los demás también parecían todos con el vinito subido. Reglita Martínez y la tía Emilia y otras tres o cuatro señoras de la tertulia de la abuela, que se habían dado maña para quedarse porque por nada del mundo querían perderse la novedad, charlaban como cotorras en arrebato, que era una cosa que la Mary decía mucho y a mí me hacía la mar de gracia, y se reían una barbaridad, apalancándose las unas en las otras, como si se les hubiera ido la mano con el amontillado, mientras hacían tiempo, y hasta mi abuela parecía en tenguerengue, claro que la pobre a lo mejor lo que tenía era un mareo de concurso, con tanta bulla. Todo el mundo parecía un poco bebido, hasta yo, que aproveché el pandemonium que se había liado para agarrar corriendo el permiso del médico y bajarme también al patio, sin que nadie me dijera ni que sí ni que no. Con el gloriamundi que le había entrado a todo el mundo, nadie tenía ganas de ponerse aguafiestas. Sólo la tata Caridad estaba un poco rara, sentada en una de las mecedoras de rejilla que había en el fondo del patio, nerviosa como una lagartija, como todo el mundo, pero con cara de estar tramando algo. La tata Caridad parecía dispuesta a hacer algo importante. Al resto, lo único que nos importaba era que tía Victoria llegase de una vez. Así que cuando la Mary, que se había quedado de imaginaria en el cierro del gabinete, bajó las escaleras chillando ya están aquí, ya están aquí, todo el mundo corrió a la casapuerta como si fuera domingo de ramos, sólo nos faltó cantar el hosana. Desde luego, tía Victoria se lo hubiera merecido. El Hispano del abuelo, conducido por Manolo el chófer, que siempre parecía un marqués, se detuvo frente a la puerta de la casa y al principio yo pensé que de allí no iba a bajarse nadie, las puertas del coche no se abrían y tampoco era cosa de echarse encima del Hispano como chiquillos callejeros en un bautizo. Sólo al cabo de un buen rato Manolo el chófer se bajó, muy tieso pero con cara de malas pulgas, yo en seguida lo noté, y abrió con mucha ceremonia la puerta de atrás para que saliese tía Victoria como una reina. Tía Blanca llevaba una temporada diciendo que Manolo el chófer era medio comunistón, y que por eso a veces le daba la revolera y no quería hacer ningún favor y ponía cara de querer cortarnos a todos el pescuezo. Y la verdad es que por un momento miró a tía Victoria como si quisiera guillotinarla allí mismo, pero tía Victoria le puso una mano en la mejilla mientras le sonreía como una artista de cine y a Manolo el chófer se le acabó en un momento la mala idea, se le puso cara de tocino de cielo. En realidad, cara de tocino de cielo, o por lo menos de bizcotela, se nos puso a todos cuando tía Victoria apareció parando el aire, maqueadísima, pero sin ninguna exageración, con un traje de chaqueta de color vainilla y que daba la impresión de ser muy fresquito, un conjunto que no tenía nada, que hasta podía parecer corriente si no fuera porque bastaba con fijarse un poco para ver que el corte era estupendo y, la tela, una divinidad, seguro que costaba una fortuna. Cuando, al día siguiente, le pregunté a la Mary si se había dado cuenta de eso me contestó que ella sí, pero que los hombres no se fijan en esas cosas. La verdad es que yo me había fijado porque se lo escuché decir a una de las señoras de la tertulia de la abuela, que también estaba admiradísima del peinado de tía Victoria, una permanente flojita en la que se notaba la mano de un artista, y con un tinte tan maravilloso que nadie diría que era tinte, si no fuera porque, a su edad, era imposible que tía Victoria tuviera ese color de pelo. La Mary me dijo que los hombres no ponen la oreja cuando las señoras hablan de sus intimidades. De todas maneras, aquello fue todo lo que escuché, porque en seguida se armó un guirigay rociero, todas las señoras querían saludar a la vez a tía Victoria y le decían piropos de carrerilla, parecía que los habían estado ensayando el día entero. Que qué guapísima estaba, que tan elegante como siempre, y qué sencilla al mismo tiempo, sólo una vuelta de perlas al cuello y otras dos perlas pequeñas pero finísimas en las orejas, y un maquillaje alegre pero sin estridencias, que lo de estridencias lo dijo Reglita Martínez y yo creo que era la primera vez que lo decía en toda su vida, a mí me parece que hasta se le subió el pavo, y tía Victoria eso era lo que tenía, que llegaba y todo el mundo perdía un poco los estribos. Hasta tía Blanca, a pesar de lo volada que se ponía por lo locatis que era tía Victoria, le hizo un randevú que ni los de la tía Emilia a la infanta doña Beatriz, le dio la bienvenida con mucho zalamelé y, además, fue la primera en darse cuenta de que tía Victoria traía en brazos un perrillo de una cuarta de grande, como mucho, de color canela y de pelo corto y reluciente. Uy, qué bicho tan mono, dijo tía Blanca, siguiendo con sus garatusas, pero el perro puso cara de pensar quién será esta mamona que me llama bicho. Tía Victoria dejó de dar besos a tutiplén y levantó el perro para que todos lo viéramos, este es Garibaldi, anunció, Gari para los íntimos, antes se llamaba Degol, pero hoy en día lo que está de moda es lo italiano, así que se llama Garibaldi. Todas las señoras se dedicaron a decir qué gracioso, es una preciosidad, pero Garibaldi empezó a ponerse histérico y tía Victoria volvió a apoyárselo en la pechera, para que se tranquilizara. Anda, cariño, no seas tonto, estamos en casa, le dijo tía Victoria a Garibaldi, pero Garibaldi tenía pinta de ser un perro muy pejiguera. Tía Victoria, sin dejar de acariciar la cabeza del perro con aquellas manos tan bonitas y delicadas que ella tenía, dio un pequeño sorbete de nariz, se quedó por un instante como traspuesta y dijo: «Huele, Garibaldi, huele». Luego, aspiró hondo y añadió: «Es el olor de los míos». Claro que, en todo aquel barullo, las únicas personas verdaderamente suyas éramos la tía Blanca y yo, porque la abuela había preferido meterse en el escritorio, donde también estaban el abuelo y tío Antonio esperando a que tía Victoria entrara a saludarles, el abuelo seguramente de muy mal humor por aquella verbena que se había organizado en el patio, y donde tía Victoria tendría que confesar toda la verdad de aquel viaje tan repentino y misterioso. Tía Victoria, por supuesto, sabía que aquello era lo que le esperaba, sin que pudiera dejarlo para el día siguiente, ya se había encargado de comunicárselo tía Blanca por encargo de la abuela y entre cucamona y cucamona, ya sabes cómo es papá, quiere poner las cosas claras en seguida, y había que tener en cuenta que era tardísimo. Pero tía Victoria no tenía ninguna prisa. Cuando tía Blanca le presentó a su marido recién pescado, Paco Galván, que no había podido resistir la tentación de añadirse al jubileo, tía Victoria puso cara de muchísima felicidad, se le echó encima a tío Paco de un modo la mar de insinuante, le dijo qué alegría me llevé cuando me enteré de la boda, ahora que ya eres de la familia tendremos tiempo para conocernos mejor, si Blanca nos deja, claro. Todo el mundo se rió, incluso tía Blanca, aunque se veía que le costaba trabajo, pero la risa de tía Victoria era la más atrevida de todas, el resto de las señoras empezó a decir por Dios, Victoria, cómo eres, no cambiarás nunca, y se veía que tía Victoria estaba encantada de haber armado tan pronto un poquito de escándalo. Por cierto, qué horror, dijo de repente, como si con la bulla se le hubiera ido el santo al cielo, yo también tengo que presentaros a alguien. Y entonces fue cuando todos nos enteramos de que tía Victoria no había llegado sólo con su equipaje —siete maletas que Manolo el chófer había ido poniendo al pie de la escalera— y con su perro. En realidad, era extrañísimo que nadie se hubiera fijado hasta entonces en aquel muchacho, porque la verdad es que era un rato grande y llamativo. Y joven. Por lo menos cuarenta años más joven que tía Victoria, según los cálculos de la Mary. Tía Victoria nos engatusó a todos con una sonrisa deslumbrante y dijo: «Este es mi secretario. Se llama Luiyi». Al día siguiente, la Mary y yo discutimos un montón sobre cómo se escribiría el nombre de aquel chico, un nombre que sólo había que oírlo para saber que era también italiano, aunque la Mary decía que ella estaba dispuesta a jugarse el pirindolo de la pascua florida a que el tal Luiyi ni era italiano ni nada, hablando tenía todo el acento de la gente de Badajoz. Seguramente tía Victoria le había cambiado el nombre, por aquello de la moda, y a lo mejor al pobre muchacho le pasaba como al perro, que todavía no estaba acostumbrado a que le llamaran Garibaldi y tenía un lío de personalidad, y quizás por eso a Luiyi se le ponía a veces aquella cara bobalicona de no saber por dónde se andaba. Eso sí, fueraparte la cara de pazguato que se le quedaba de vez en cuando, y que le venía de pronto y sin mayor motivo, Luiyi era un pedazo de tío que a más de una y de dos, y a más de cien, le entrarían tiritonas sólo de mirarlo, como decía la Mary, porque hasta la Mary tenía que reconocerlo. Era alto, rubio pero tirando una pizquita de nada al azafrán, con unas manos como serones y cualquiera podía pensar que estaba gordo si no fuera porque bastaba con que moviera la cabeza, o un brazo, o diera un paso para comprender que era puro músculo. Las señoras de la tertulia de la abuela estaban embobadas mirándolo de punta a punta, y tía Victoria, empavonada como una faraona, pero con mucha clase, se lo fue presentando a todo el mundo, y para todo el mundo sin distinción tenía ella una frase cariñosa, hasta para José Joaquín García Vela, que hasta aquel momento había estado calladito y nervioso como un gorrión. Tía Victoria le dijo a José Joaquín que estaba guapísimo y que iba muy elegante, que por él no pasaba el tiempo, que seguía exactamente igual, tan apocadito como siempre. José Joaquín ni siquiera fue capaz de echarle un piropo a tía Victoria. Yo pensé que estaba a punto de echarse a llorar y me acordé de lo contento que estaba por la mañana, cuando me dijo machote, esto va mucho mejor, te sentará bien levantarte un poquito todos los días, y es que se había puesto como unas castañuelas al saber que llegaba tía Victoria, pero cuando la tenía delante se le caía el alma a los pies y no le salía ni una palabra. Cuando, a los pocos días, después de ver cómo trataba tía Victoria a José Joaquín, lo hablé con la Mary, ella me explicó que en este mundo hay gente a quien le toca esa desgracia y que le pusiera velas a todos los santos para no ser yo uno de ellos. Ni la Mary ni yo nos figurábamos entonces lo que iba a pasar. Después de todo, cuando uno tiene diez años, se asusta si se imagina cosas, así que mejor ni pensarlas, claro que uno ve cosas que le hacen pensar, aunque la Mary decía que eso era por fijarme en lo que no debía o por estar donde no deben estar los niños. Pero yo no tenía la culpa de eso. Yo no tenía la culpa de haberme puesto malo y de que mi madre, para quitarse un engorro de encima, me llevara a casa de mis abuelos, donde pasaban todas aquellas curiosidades. Tía Victoria, desde luego, se extrañó mucho de verme allí, entre las personas mayores, a aquellas horas, y me dijo ¿tú quién eres?, y yo le dije quién era y entonces ella me preguntó por mamá, qué barbaridad, no sabía que Mercedes tuviera un niño tan alto y tan guapo, ¿y dónde está tu madre? Yo le dije que estaría en casa de las Caballero, jugando a la canasta. Tía Victoria se echó a reír, pero de pronto se le paró la risa y abrió mucho los ojos, dijo pero tata Caridad, por Dios, qué te ha pasado, y es que la tata Caridad por fin había decidido entrar en acción, hacer que tía Victoria se fijase en ella, que ya eran ganas de estropearme el encuentro con tía Victoria, se había levantado de la mecedora de rejilla y había echado a andar hacia donde estábamos todos, pero a la pata coja, una cosa rarísima. Tía Victoria corrió a ayudarla y la tata Caridad empezó en seguida a contarle sus achaques: que si primero había perdido el perfil, que se fijara bien —y volvía la cabeza mirando de reojo para no perderse la reacción de tía Victoria—, que si no era una desgracia grandísima, y luego se le habían descolgado los bajos, que ya podía figurarse tía Victoria el trastorno que eso era para una mujer, y ahora, lo último, era que le desaparecía de vez en cuando una pierna, le iba y le venía, a veces tenía las dos y podía andar como todo el mundo, pero otras veces perdía una y tenía que andar así, en pedicoj, a sus años y con lo gruesa que estaba, un martirio, señorita Victoria. La tata Caridad se puso a llorar como una niña y tía Victoria estaba horrorizada, hasta que la Mary se llevó a la tata Caridad a su habitación —aunque al día siguiente me dijo que a esa mujer adonde había que llevarla era al manicomio—, y tía Blanca le dijo a tía Victoria que en el escritorio la estaban esperando el abuelo y la abuela y tío Antonio y que ya era hora de que todo el mundo se tranquilizara un poco. La verdad, dijo tía Victoria, tragando saliva y tratando de hacer de tripas corazón, es que esta es una casa fantástica; por cierto, Blanquita, y hablando de rarezas, ¿cómo está mi hermano Ricardo? Tía Blanca le dijo que bien, como siempre, con sus manías, y tía Victoria levantó la vista hacia los ventanales de la galería, porque estaba segura de que tío Ricardo había estado espiándolo todo desde allí. Luego, tía Victoria se despidió de todo el mundo con besitos al aire y se fue del bracete de tía Blanca hacia el escritorio. A su secretario le dijo espérame aquí, y le dejó a Garibaldi para que se entretuviera. Pero antes de entrar en el escritorio, antes de cerrar la puerta, tía Victoria se detuvo un instante, cerró los ojos, aspiró hondo y dijo: «Huele, Victoria, huele. Este es el olor de los tuyos».

Ya he dicho que, gracias a la historia de san Francisco de Borja que nos había contado el hermano Gerardo, yo había descubierto que las personas mayores huelen, poco a poco, como la comida cuando se estropea, que durante algún tiempo a lo mejor no se nota, pero llega el día en que te da el tufillo y mejor que lo tires. Claro, a la gente no se la puede tirar a la basura, pero oler, huele una barbaridad. Lo que no sabía, hasta que no se lo escuché decir por dos veces a tía Victoria la noche de su llegada, era que cada familia tiene su propio olor; bueno, me entró la duda de si a las familias pobres también les pasa, pero a las familias bien como la nuestra, seguro. Y en el cuarto de tía Victoria, el olor de nuestra familia —un olor muy limpio y de gran solera, como decía tía Blanca— se notaba muchísimo.

—Vámonos a mi cuarto a ver revistas, que allí se está más fresquito —decía muchas tardes tía Victoria—. Si las visitas preguntan por mí, Magdalena, les dices que estoy ensayando mi nuevo repertorio.

Porque tía Victoria era rapsoda. Yo sabía que ella iba por esos mundos de Dios recitando versos, que la contrataban como a una artista y tenía un éxito fenomenal, pero cuando tía Victoria me explicó que a las personas que hacen eso se las llama rapsodas a mí me pareció mucho más importante. Por supuesto, todas las visitas de mi abuela se ponían como locas a preguntar por tía Victoria si no la encontraban en el gabinete, dispuesta a la cháchara, pero mi abuela se sabía la lección de maravilla y les pedía por favor un poquito de consideración, Victoria está ocupadísima con su nuevo repertorio y a lo mejor lo estrena aquí este verano. Así las señoras se controlaban un poco y dejaban de dar la murga para que tía Victoria fuera a hacerles compañía. Tía Victoria, mientras tanto, iba repasando con la Mary y conmigo revista por revista y no perdía de vista a Luiyi, su secretario, que se ponía en la azotea a hacer gimnasia en taparrabos y estaba tan pendiente de sus músculos —que eran de verdad un espectáculo, como los de los artistas de las películas de gladiadores—, que no se daba cuenta de que las señoras se salían del gabinete, con la excusa de ir a hacer un pipí, y se asomaban por la ventana de la cocina para ver a Luiyi casi en cueros vivos. Tía Victoria sí que se daba cuenta, claro, la mar de bien, y yo creo que se ponía negra, pero ella disimulaba y se lo tomaba a chufleo, aunque la Mary y yo llegamos a la conclusión de que si tía Victoria ponía tanto interés en enseñarnos las revistas y en hacerlo en su cuarto era sólo para poder vigilar a su secretario, porque el cuarto de tía Victoria daba directamente a la azotea y así no se le escapaba a ella ni un detalle.

La mayoría de las revistas, todas estupendas, eran extranjeras y estaban escritas en inglés o en francés o en idiomas todavía peores, muchas en italiano, claro, porque era la última moda. Estaban además llenas de fotografías, de modo que no había mucho que leer. Tía Victoria, que hablaba, o por lo menos comprendía, cuatro lenguajes, nos hacía un resumen de lo que trataba cada reportaje y la Mary y yo nos pasábamos un montón de tiempo fijándonos en todos los detalles de cada foto, así podía tía Victoria mirar lo que hacía Luiyi y la cara de pelanduscas que, según ella, se les ponía a las señoras que se asomaban a la ventana de la cocina a ponerse moradas de pestañear. A la Mary le chiflaban los reportajes de artistas de cine, pero tía Victoria sentía predilección por los ecos de sociedad, que así nos enseñó ella que se llamaban, aquellas fotografías de fiestas donde todo el mundo salía elegantísimo. En aquellas fotos, tía Victoria señalaba de pronto a un señor con una pinta estupenda y decía éste es el príncipe fulano de nosequé, siempre unos nombres rebuscadísimos, y añadía, coquetona:

—Con él tuve yo un interludio.

Tía Victoria, por lo visto, había tenido montones de interludios, tantos que a mí me parecía que era imposible que los hubiera tenido uno detrás de otro, así que pensé que seguramente los había tenido de tres en tres o de cuatro en cuatro, como la Mary, que cada noche tenía un interludio en la casapuerta con un novio diferente. Una tarde le pregunté a tía Victoria si todos aquellos príncipes con los que ella había tenido interludios tenían también un olor particular, un olor de familia, y de familia de postín —como aquel olor de los Calderón Lebert que tanto se notaba en el cuarto de tía Victoria— y ella me dijo que por supuesto, que de oler no se libra nadie. Lo que ocurre es que cuando se tiene un interludio el olor es siempre maravilloso, y cuando no se tiene, el olor es a veces un pestazo que no se puede aguantar. Eso me dijo.

Lo curioso era que tía Victoria, conforme había ido cumpliendo añitos —siempre lo decía en diminutivo, como dando a entender que los años que ella cumplía eran más pequeños y envejecían menos que los que cumplía el resto de las señoras y gachises del mundo—, había ido eligiendo para sus interludios a señores más jóvenes y con menos empaque, pero con menos olor también, seguramente. La Mary me decía que no fuera panoli, que si tía Victoria los prefería cada vez más tiernos no era porque oliesen menos, sino porque empujaban mejor. Yo no sabía qué tenían que ver los empujones con una cosa tan fina como los interludios de tía Victoria, y además la Mary no decía empujar sino rempujar, que aún sonaba peor y más ordinario. Pero estaba clarísimo, de todos modos, que tía Victoria, en los últimos años, había tenido interludios con muchachos que podrían haber sido, según la Mary, sus nietos. El que salía retratado con ella en la última revista —que era de diciembre del año anterior—, tenía la planta de un guardiamarina y la carita de un querubín, por lo menos eso fue lo que nos dijo tía Victoria cuando nos lo señaló, y también nos dijo que era muy educado y cariñoso y que tenía un talento natural para alternar en sociedad, porque no era príncipe ni nada, ni siquiera de buena familia, sólo un muchacho de origen humilde que había salido guapo y con maneras de marqués, aunque al final lo tuvo que dejar porque ella le encontraba un defecto horroroso.

—¿Qué defecto, tía Victoria? —le pregunté yo, muy excitado, pensando que tendría un ojo de cristal, o una pata de palo, o algo así.

Tía Victoria me dijo:

—Tenía opiniones.

Yo sabía ya perfectamente lo que son opiniones, pero no que eso pudiera ser un defecto, aunque por lo visto, para tía Victoria, tener un novio con opiniones era tan malo como tenerlo con granos, piojos, legañas, boqueras y cosas por el estilo. Desde luego, el mazacote de Luiyi no tenía opiniones o, si las tenía, se las callaba como un muerto, el muy vivales, por la cuenta que le traía. Luiyi se limitaba a hacer ejercicios y posturitas para que las señoras de la tertulia de mi abuela se pusieran frenéticas y a endurecer los músculos para tener contenta a tía Victoria a la hora de rempujar, como decía la Mary.

Luiyi aún no había salido en ninguna revista, porque en las que tía Victoria había traído de aquel mismo año sólo aparecía ella dando recitales, siempre muy elegante, eso sí, pero muy sobria, casi tan sobria como la tía Blanca, que según mi madre siempre había sido un desastre a la hora de arreglarse, siempre había tenido un gusto fatal y además era de las del puño cerrado. Naturalmente, tía Victoria, en aquellas fotos tan cultísimas de los recitales, iba sobria pero arreglada que era un primor —cuando a la Mary le daba por la palabra primor, que debía parecerle el colmo de la finura, no la soltaba ni a tiros—, lo único que ocurría era que no llevaba floripondios ni joyas de ninguna clase.

—Ay, señorita Victoria —decía la Mary, con mucha retranca—, ¿qué ha hecho usted con las alhajas tan preciosísimas que tenía?

—Las tengo, niña, las tengo —protestaba tía Victoria—. Están guardadas en la caja de mi banco de París. Es que ahora no se llevan nada las joyas.

Al parecer, eso también era culpa de la moda italiana. Pero la Mary me dijo que ella se olía que por culpa de las deudas y de los secretarios y de los interludios, por empeñarse en vivir como la Begum y ser tan manirrota, tía Victoria había tenido que empeñar, o a lo mejor vender, todas sus alhajas y ya no le quedaba ni una sortija. Y la verdad es que en las fotos de las revistas más antiguas, en las que aparecía con aquellos caballeros tan imponentes, tía Victoria llevaba siempre unas joyas de quedarse bizcos, pero en las revistas más nuevas, donde salía con los pretendientes que, aparte de planta de guardiamarinas y carita de querubín, sólo tenían opiniones, las joyas de tía Victoria eran cada vez más escasas y más chicas. Por eso los interludios a tía Victoria le duraban cada vez menos, según la Mary, y por eso no tendría nada de raro que Luiyi cogiera las de villamanrique en cualquier momento. Y tía Victoria seguro que lo sabía, pero no lo podía remediar, tenía que estar a la última moda, porque si no a ver qué iban a decir las señoras de la tertulia de mi abuela, y las que visitaban a la bisabuela Carmen, y el resto de las señoras del pueblo, si es que quedaba alguna, y hasta las gachises y las mujeres corrientes y molientes; todas dirían: Victoria Calderón Lebert ya no es lo que era. Y eso sí que no. Si la moda italiana prohibía las joyas, pues fuera joyas, y si el adoquín de Luiyi se percataba del chasco —porque de joyas guardadas en un banco de París, nada de nada— y levantaba el vuelo, mala suerte. Tía Victoria lo más que podía hacer era estar encima de él todo el tiempo posible. Por eso no quería juntarse con las visitas en el gabinete y nos pedía a la Mary y a mí que fuéramos a su habitación a ver revistas, mientras ella estaba atenta por si Luiyi de pronto, en un sopetón que le diera, como a las palomas de tío Ricardo, echaba a volar.

la moda

Las palomas de tío Ricardo tenían la virtud de poner muy nerviosa a tía Victoria. La verdad es que aquellas palomas volaban como a acelerones, como si de pronto les diese un sacudimiento, cambiaban de repente de dirección, o se posaban con unas prisas que daban fatiga, o echaban a volar de repente, como si acabaran de oír un disparo. Era como si tío Ricardo les hubiera contagiado el majareteo. Bien mirado, el único que todavía se lo tomaba con calma era aquel palomo zumbón y zarandalí, que cojeaba el pobre con mucha resignación y se paseaba mucho por delante de la puerta de cristales de la habitación de tía Victoria, la que daba a la azotea, como si estuviera buscando a alguien que le hiciera un poquito de caso.

—Qué palomo más triste —dijo, una tarde, tía Victoria.

—Ya ve usted que cojea —se burló la Mary.

Pero tía Victoria dijo que eso de cojear, si no es muchísimo, no tiene nada de malo, que hay muchos hombres que cojean y son muy sensibles y muy elegantes. Dijo que ella conocía a algunos que eran verdaderos genios.

—Por ejemplo, Visconti.

Ni la Mary ni yo sabíamos quién era Visconti y la tía Victoria nos explicó que era un italiano guapísimo y que sabía una barbaridad y hacía unas películas preciosas. La Mary le preguntó que de qué pie cojeaba el tal Visconti y tía Victoria, riendo, dijo que de los dos. Aquello sí que era raro. Pero tía Victoria sabía de lo que hablaba, porque conocía al cojo Visconti la mar de bien y había pasado con él ratos estupendos. A lo mejor incluso habían tenido un interludio. Y me apostaría un ojo de la cara a que a Visconti nunca se le escaparía un badulaque como Luiyi, por mucho que a la moda italiana le repugnasen las joyas. O sea que aquello de cojear no era tan malo, podía incluso ser magnífico, y por eso estuve de acuerdo cuando tía Victoria dijo, mirando con mucha atención al palomo cojo:

—Se parece muchísimo a él. Desde hoy, se llamará Visconti.

Y luego se puso a contar historias maravillosas de Visconti, y no se preocupaba de Luiyi más que para mirarlo de vez en cuando por el rabillo del ojo, como si de pronto no le importase mucho que en cualquier momento Luiyi echase a volar, como si le diera igual que se esfumase de repente en uno de los revuelos chiflados de las palomas de tío Ricardo, sobre todo cuando Garibaldi se ponía a corretear detrás de ellas pegando unos ladridos que parecían pellizquitos de monja, y era como si de nuevo tía Victoria tuviese el mundo a sus pies, como si otra vez estuviera cargada de joyas, como si volviera a oler igual que una muchacha de veinte años —aquel olor que yo le notaba a la Mary cuando se echaba encima de mí para comprobar si por fin se me había puesto contento el alfajor— y tuviera ganas de bulla y de chuflearse del pobre José Joaquín García Vela. Aquella noche, cuando me llevó a la cama el vaso de leche, la Mary me dijo que le encantaba tía Victoria, que daba gusto ver cómo seguía siendo —a pesar de los añitos, y a pesar de lo sosa que era la moda italiana— una zangarilleja de cuidado.

Tiramoños

A quien no soportaba la tía Victoria era a la señorita Adoración. Le tenía una tirria horrorosa. Y es que la señorita Adoración no estaba dispuesta a que tía Victoria entrase en la alcoba de la bisabuela Carmen cada vez que le saliera del jopo, por muy hija suya que fuera y por muy convencida que estuviese de que la bisabuela Carmen lo que necesitaba era compañía, pero compañía de verdad, no la de aquella sargenta cacatúa que quería mangonearlo todo y obligaba a todas las señoras bien que querían visitar a la bisabuela, y hasta a la propia familia, a obedecerla como si fueran reclutas y a que entrasen con cuentagotas. A pesar de todo, tía Victoria se colaba en la alcoba de la bisabuela Carmen sin pedir la venia ni nada, sin echar cuenta del día ni la hora que fuese, metiendo baza en todo, viniese o no a cuento, más que nada para fastidiar y por demostrarle a la señorita Adoración que una hija es una hija y tiene sus derechos, y que ella, la señorita Adoración, no era más que una enfermera chusquera y una mandada, por mucho pisto que se diese. La Mary tampoco soportaba a la señorita Adoración y remedaba mucho, con muchas morisquetas, los aires de comandanta que se daba la gachí, y le chiflaba meter cizaña y jalear a tía Victoria cada vez que despotricaba contra la señorita Adoración y amenazaba con ponerla de patitas en la calle.

—Lo que pasa —me dijo la Mary— es que tu abuela, y

sobre todo tu abuelo, todavía están de parte de la bruja ésa y creo que ya le han llamado la atención a tu tía Victoria. Claro que ella se pasa las regañinas por el sotanillo del triquitraque y no les hace ni caso.

Un día estaba yo en la cama, manoseándome un poco la flojera, como decía la Mary, y escuché a la abuela y a tía Victoria discutir a cuenta de la señorita Adoración. Tía Victoria decía que aquello de tener a todas las señoras que iban a visitar a la bisabuela Carmen venga a subir y bajar escaleras, o de tertulia en el descansillo como si fueran marmotas, era una mortificación de abadesa maniática, aunque si las señoras se lo consentían, allá cuaresmas, pero no dejar a una hija ver y cuidar a su madre como le dictase la sangre y el cariño era un contradiós que no se podía tolerar. Tía Victoria le echaba mucho paripé a aquel discurso, sobre todo cuando decía lo de la hija y la madre y la sangre y el contradiós, parecía Matilde Conesa haciendo un serial. La abuela se lo tomaba con mucha calma, decía que el abuelo tenía confianza en la señorita Adoración y que él, como el mayor de los hermanos, quería dar ejemplo y hacía lo que la señorita Adoración ordenaba, y lo mismo tío Antonio, el otro hermano del abuelo, que hacía siempre lo que el abuelo decía, y el pobre tío Ricardo a saber lo que pensaba, si es que pensaba algo, aunque la abuela se imaginaba que hacía años que tío Ricardo no veía a su madre, la bisabuela Carmen, viviendo como vivían en la misma casa. Entonces tía Victoria dijo, muy dramática, que eso sí que era un crimen y que, aunque tuviese que pelearse con el mismísimo sumo pontífice, ella iba a tomar cartas en el asunto y poner las cosas en su sitio.

—A esa gachí la acaban echando —sentenció la Mary, cuando se lo conté—. Menuda es tu tía Victoria.

Por el gabinete de mi abuela pasaba todo el mundo a contar sus lástimas y a conseguir que mi abuela se pusiera de su parte, pero la Mary me decía siempre que mi abuela nunca tomaba partido, a veces hacía como que estaba en babia y, otras, como que tenía que pensárselo muchísimo antes de tomar una decisión; mientras tanto, las cosas iban arreglándose a la buena de Dios y la abuela siempre quedaba como una bendita. Por eso cuando, una tarde, mientras yo intentaba dormir la siesta —que era una cosa que, según José Joaquín García Vela, yo no me podía saltar de ninguna de las maneras, aunque con aquel calor no había quien estuviese a gusto en la cama—, oí a la señorita Adoración pedir permiso para entrar en el gabinete, muy redicha ella, y quejarse a mi abuela del comportamiento de tía Victoria, no escuché a mi abuela decir ni palabra, allí la única que hablaba como un loro, aunque haciéndose la melindrosa, pidiendo perdón todo el rato por lo que decía, disculpándose con ángeles y arcángeles, querubines y serafines y toda la corte celestial, era la señorita Adoración, que parecía dispuesta a no acabar con su monserga hasta la tarde del santoentierro, aunque cada vez se le notaba más en la voz que se estaba encorajinando, que estaba ya que trinaba porque mi abuela no le daba abiertamente la razón, no quería entrometerse en el tiramoños que se traían la señorita Adoración y tía Victoria, así que yo, que tenía los ojos y las orejas bien abiertos, me dije: la señorita Adoración está perdida.

Cuando le conté a la Mary la conversación que había escuchado, ella me dijo que la señorita Adoración había ido también a hablar con el abuelo, pero que la gachí había salido del escritorio tiesa como una vela y pasándolas canutas para aguantarse el coraje, que se veía a la legua que tampoco mi abuelo había querido darle la razón y carta blanca para seguir mangoneando a la bisabuela Carmen a su antojo. Aquello se estaba poniendo más emocionante que *El derecho de nacer*. La Mary, por supuesto, también estaba convencida de que tía Victoria llevaba todas las de ganar.

Al día siguiente, a la hora de la merienda, que yo siempre tomaba ya en el comedor chico, que era donde se estaba más fresquito a aquellas horas de la tarde, la Mary aprovechó un momento que nos quedamos solos y me dijo:

—Dile a tu abuela que te has puesto maluscón. Métete en la cama y no te muevas de allí. Yo voy a ver si puedo irme a tu cuarto a planchar y nos enteramos de todo.

No pudo darme más explicaciones, pero yo hice lo que me decía. La abuela me puso la mano en la frente y me tomó el pulso y dijo que a ella no le parecía que estuviera ni destemplado, pero procuré poner una cara lo más lacia posible y dije que tenía fatiga y una flojera por todo el cuerpo tan grande y tan rara que no tenía ni fuerzas para levantarme de la silla, así que la abuela le dijo a la Mary que me llevase a la cama y que avisara al médico en seguida. Como todo era cuento chino, la Mary me acostó —y me fue contando, muy ligero, que aquella tarde había una reunión en el gabinete con la abuela, tía Victoria, tía Blanca y mi madre, que se iba a perder el campeonato de canasta que habían organizado las Caballero, si sería importante la cosa—, y luego hizo como que llamaba a casa de José Joaquín García Vela, pero le dijo a mi abuela que el médico no estaba y que avisarían en cuanto volviese. Luego anunció:

—Voy al tendedero a recoger las sábanas que se lavaron esta mañana, señora. Ahora que están todavía un poquito húmedas es cuando se planchan bien.

Pero mi abuela le dijo que las sábanas estaban chorreando, que la lavandera acababa de tenderlas y que corría mucha más prisa arreglar el escritorio, aprovechando que el abuelo y tío Antonio iban a estar toda la tarde en la bodega. Así que a la Mary se le fastidiaron todos los cálculos y se puso descompuesta, me dijo que ya podía espabilarme y que no se me escapara ni una, que luego tenía que contárselo todo de pe a pa, porque ella sabía de buena tinta que la reunión era para hablar del problema de la señorita Adoración.

Mi madre llegó al poco rato de meterme yo en la cama, quejándose mucho por haberse perdido el campeonato de canasta, estaban todas las Terry y venían hasta unas Parias de Sevilla, o sea la crem de la crem, había que ver el momento que escogían para pelearse la locatis de tía Victoria y la cabezota de la señorita Adoración, aunque la verdad es que no podía disimular que le encantaba todo aquel jaleo. También ella me puso la mano en la frente y me tomó el pulso y preguntó si en aquella casa no había un termómetro, por más que ella estaba segura de que fiebre, desde luego, yo no tenía ninguna, ni siquiera décimas. Pero me senté en la cama y en seguida dije que me mareaba un montón, y entonces mi madre dijo que sería por el calor y que a ella ese tipo de fatiga se le aliviaba mucho poniéndose un pañuelo empapado en agua detrás de las orejas. De todos modos, mi abuela pensaba que era mejor esperar a que llegase José Joaquín.

—José Joaquín tiene que venir de todos modos —dijo tía Victoria—. Tiene muchísimo interés en deciros personalmente lo que piensa de verdad, como médico con muchísima experiencia y muchísimos conocimientos, de todo esto.

Yo les pedí que no cerraran del todo la puerta del gabinete, por si me encontraba peor y tenía que llamarlas. La dejaron entreabierta, pero lo malo fue que, al principio, se pusieron a hablar en voz muy baja, no sé si porque no querían molestarme, si de verdad estaba tan malucho como yo decía, o porque no les parecía bien que yo me enterase de la conversación. Hacía tanto calor que era como si las palabras que se iban colando por la puerta a medio cerrar me llegasen desbaratadas, como si se les fueran quedando letras pegadas al calor por el camino, y era difícil entender lo que decían, aunque yo intentaba imaginármelo. Menos mal que tía Victoria era incapaz de hablar en voz baja durante mucho tiempo y en seguida empezó a alborotar como a ella le gustaba, con muchas risas, haciéndose la simpaticona con mi madre y con tía Blanca, que se notaba a la legua que se las quería ganar, y poniendo por las nubes a José Joaquín García Vela, por lo listísimo que era y la sicología tan grandísima que siempre había tenido aquel hombre. Mi madre, riéndose de pronto como una artista de varietés, dijo que ella no ponía en dudas la listeza de José Joaquín, pero que ya no estaba tan segura del tamaño de la sicología de aquel buen señor. A tía Victoria le hizo mucha gracia la salida de mi madre y dijo que, de todos modos, la inteligencia era lo importante, pero que, en sus buenos tiempos, la sicología de José Joaquín era de un tamaño nada corriente, y que el que tiene retiene, y que el otro día José Joaquín se había empeñado en enseñarle la sicología y que ella no se lo podía ni creer, que sicologías así había poquísimas en aquel pueblo. Tía Victoria y mi madre se echaron a reír las dos a la vez, con tantas ganas y tan fuerte que parecían criadas, hasta que tía Blanca cortó por lo sano y amenazó con irse inmediatamente si tía Victoria y mi madre seguían diciendo aquellas barbaridades, que allí habían ido a hablar de algo serio y que había que tomar lo antes posible una decisión.

—Si echamos como tú quieres a la señorita Adoración, tía Victoria —dijo tía Blanca—, ¿quién va a ocuparse de cuidar a tu madre?

Dijo «tu madre» con mucha intención, para dejar

claro que sería tía Victoria la primera que tendría que hacerse cargo del desavío.

—Yo no quiero echar a esa dichosa señorita Adoración —protestó tía Victoria—. Bueno, no quiero echarla por capricho. Yo lo que digo es que a mi madre le tiene que sentar fatal el trato que le da esa sargentona de carabineros. Y José Joaquín García Vela, que de enfermedades sabe un rato, está completamente de acuerdo conmigo. En realidad, es él quien me lo ha dicho a mí, quien me ha abierto los ojos, quien se ha sincerado conmigo por la confianza que nos tenemos, esto que quede claro. Y también dice que la dichosa señorita Adoración tiene la culpa de que el pobre Ricardo no pueda ver nunca a su madre, que eso sí que tiene delito.

Se notaba un montón que tía Victoria era una artista y declamaba divinamente. Mi madre se puso en seguida de su lado y dijo que para cuidar bien a la bisabuela Carmen bastaba con las dos enfermeras que se turnaban de noche y de día, que para eso cobraban un dineral, y que el resto era cosa del médico y de saber organizarse un poco. Tía Blanca dijo que mi madre hablaba muy fácilmente de organización porque estaba claro que ella no pensaba organizarse lo más mínimo, y entonces mi madre dijo que naturalmente, que a ver si se pensaba tía Blanca que iba ella a venirse con las Caballero a la alcoba de la bisabuela Carmen a jugar a la canasta. Y entonces fue cuando tía Victoria pidió a tía Blanca y a mi madre que dejaran de discutir y dijo, muy dispuesta y con mucha seriedad:

—A mi madre la voy a cuidar yo hasta que haga falta. Lo juro. Así que esa señorita Adoración de las narices, a tomar viento.

Tía Blanca armó mucho escándalo porque ella no podía fiarse de tía Victoria, como si no te conociéramos, dijo, a las primeras de cambio te da la ventolera y te quitas de enmedio y aquí nos quedamos nosotros con la ensaimada. Tía Blanca decía mucho lo de la ensaimada, que por lo visto era el colmo del engorro y de la complicación, pero tía Victoria le aseguró, como si le hiciera una promesa al Niño Jesús de Praga, que aquello no iba a pasar de ninguna manera. Y no sé lo que le contestaría a eso tía Blanca, porque en aquel momento entró en mi dormitorio José Joaquín García Vela y yo tuve que acordarme de pronto de que no me encontraba bien.

—¿Pero tú qué haces en la cama? —me preguntó, y se notaba que quería ser cariñoso, pero me di cuenta de que estaba tristón y no tenía muchas ganas de bromear.

—Tengo fatiga. Y tiritonas. Y estoy sudando como un pollo.

Sólo era verdad lo del sudor, pero es que hacía un calor horrible y había tenido que taparme con la sábana y la colcha para que todo el mundo viera que sí que estaba enfermo.

Menos mal que tía Victoria, que tenía un oído de tísica, como ella decía siempre, en seguida escuchó que José Joaquín estaba en mi habitación y entró como una pandereta, qué alegría, mi médico favorito, el hombre con la mejor sicología de toda España, anda, pasa, y lo cogió del brazo y se lo llevó al gabinete con un montón de zalamerías.

Primero estuvieron hablando del calor que hacía, de los achaques que le entran a uno cuando se llega a ciertas edades —y tía Victoria, picarona, le suplicaba a José Joaquín García Vela que no fuera coqueto, que no presumiera de edad, y que de todos modos, si se cuida uno, la inteligencia y la sicología, que es lo importante, te duran toda la vida—, y de lo fastidiada que estaba Angelita Eguiguren, una prima hermana de mi abuela, que se había roto la cadera en una caída. Hasta que tía Blanca decidió que ya estaba bien de hablar de pamplinas y que había que ponerse de acuerdo de una vez en lo que se hacía con la señorita Adoración. Por favor, niña, dijo tía Victoria, no seas tan brusca, ya hemos hablado de eso, ya lo tenemos prácticamente decidido, uy, pobre José Joaquín, has puesto una cara que parece que vas a tener que cargar tú solito con toda la responsabilidad, no te preocupes, por Dios, yo sólo quería que vinieras porque tú eres un experto. Se hizo un silencio que parecía que habían amordazado de pronto a todo el mundo para que José Joaquín hablase, pero el médico no dijo nada y entonces tía Victoria se echó a reír de una manera muy nerviosa y estaba clarísimo que a nadie más le hacía ni pizca de gracia todo aquello. Tía Victoria preguntó:

—¿Verdad que para mi madre no es bueno que esa mujer la trate como si estuviera presa, José Joaquín?

José Joaquín no contestó. A lo mejor hizo algún gesto, pero, claro, eso yo no lo podía ver.

—¿Verdad que mejoraría mucho si hablara con gente, si recibiera visitas, si viera a alguien más que a esa bruja estirada y maniática?

Algo tendría que hacer José Joaquín, no se iba a quedar como un pasmarote, pero desde luego no soltaba palabra, o, si lo hacía, era tan bajito que yo no lo podía oír.

—Tú eres listísimo, José Joaquín —insistía tía Victoria, y a mí me parecía que su voz chorreaba algo pegajoso—, tú sabes que yo siempre te he admirado de verdad, y tú sabes que mi madre hace años que sólo confía en ti. No podemos fallarle.

Se escuchó como un gemido, como si José Joaquín se estuviera asfixiando.

—¿Verdad que lo mejor para todos —preguntó tía Victoria de un modo raro, como si fuera una salamanquesa y estuviera acercándose despacito a una mariposa de luz para zampársela—, incluso para el pobre Ricardo, es que esa pajolera señorita Adoración se esfume de una vez por todas? ¡Ahora no me lo niegues! Me lo has dicho un montón de veces, José Joaquín.

—Sí, claro que sí, Victoria —dijo por fin José Joaquín, y su voz parecía la del hombre más triste del mundo—. Claro que es lo mejor.

Tía Victoria se puso contentísima. Decidido, allí no cabía ya andarse con paños calientes, José Joaquín había dicho la última palabra, la abuela tenía que ajustarle la cuenta en seguida a la señorita Adoración, mejor aquella misma noche que a la mañana siguiente. Se puso tan desatada que yo creo que ni se dio cuenta de que José Joaquín salió del gabinete y se vino a mi habitación, a mí me pareció que se tambaleaba un poco, parecía muy cansado, parecía como si le doliera todo el cuerpo al moverse, como si lo acabaran de pisotear. Me dio mucha pena verlo así, porque se había encontrado de pronto, sin comerlo ni beberlo, en medio del jalapelos entre tía Victoria y la señorita Adoración, y él se había llevado por lo visto la peor parte.

Antes de decirme nada, se quedó un buen rato mirándome y por la cara de pena y de agobio que se le había puesto cualquiera hubiese creído que había tenido que traicionar a su padre. Según me dijo la Mary, es que los hombres, a veces, son muy suyos, y cuando se dan cuenta de pronto de que ya no tienen voluntad por culpa de una mujer se sienten menos y más arrastrados que una aljofifa. Yo me acordé entonces de una película que el hermano Gerardo nos puso una vez en el colegio y en la que un hombre riquísimo y con una familia estupenda conocía a una pelandusca que le metía el vicio del juego y una noche, en el casino, lo perdió todo, pero absolutamente todo, y la cara que se le quedó era la misma que tenía José Joaquín García Vela aquella tarde. El hermano Gerardo le pidió a toda la clase que le rezá-

la abilidad de una mujer para seducir los hombres

ramos a la Virgen para que nunca nos dejara caer en aquel vicio, y, si alguna vez caíamos, que se nos quedaran los dedos en carne viva cada vez que cogiésemos una ficha o una carta; yo se lo pedí a la Virgen para mí, pero no me atreví a pedírselo también para mi madre porque si no la pobre iba a volver todos los días de la casa de las Caballero con las manos hechas una pena. De todos modos, el hermano Gerardo decía que el peor vicio, con diferencia, era el de las mujeres, y en eso estaba de acuerdo la Mary, según ella una mujer, si quiere, si le da el capricho de un hombre o le busca el interés, puede ser el peor bicho del mundo, porque las mujeres, dijo —y se repechó ella misma por todo el cuerpo, como si la estuvieran rebobinando—, tenemos la lengua de una lagartija en la punta del jopo y, mosquito que se pone a tiro, mosquito que cae. El pobre José Joaquín, por lo visto, había caído como un moscardón de caballo y de él ya no quedaban ni las alas.

—Así que estás malo —dijo por fin, nervioso, y era como si tanteara con el pie antes de dar un paso, para no pegarse un zarpajazo horroroso.

Yo dije que no con la cabeza. No le podía mentir. Me daba lástima engañarle.

—Me alegro —dijo, y sonrió, parecía que acababa de quitarse un peso de encima—. Eso me parecía a mí.

Luego se acercó, me revolvió un poco el pelo, y de repente hizo algo que nunca había hecho antes. Se inclinó y me dio un beso en la frente. Tenía los labios muy fríos y le temblaban.

—Gracias, hijo —murmuró.

Se fue muy deprisa, antes de que tía Victoria, tía Blanca y mi madre salieran del gabinete muy desconcertadas y preguntando ¿pero dónde se ha metido ese hombre?, ¿es que se lo ha tragado la tierra? Yo en seguida puse cara de tener destemplanza y de encontrarme pachucho.

—A ti también te va a sentar de perlas el que se vaya la señorita Adoración —me dijo tía Victoria—. Se te van a quitar todos esos arrechuchillos que tienes. Te lo digo yo. A partir de mañana, nos vamos todas las tardes al cuarto de la bisabuela Carmen a ver las revistas.

Tía Victoria dio un brinquito, juntó las manos bien agarradas la una a la otra a la altura de la garganta, se mordió el labio de abajo con unas ganas que yo creí que se lo iba a arrancar, y dejó escapar un gritito tan apretujado que parecía el silbido de una culebra contentísima porque estaba a punto de zamparse un conejo. Era como si le acabase de tocar la lotería.

Después estiró los brazos, cogió postura de artista de cine frente a una patulea de admiradores, y anunció:

—¡Todos nos lo vamos a pasar divinamente!

Todos menos José Joaquín García Vela, que no volvió a aparecer por la casa del Barrio Alto.

Los crímenes de julio

Yo no veía a la bisabuela Carmen desde que hice la primera comunión. Aquel día, después del convite y de que nos hicieran las fotos, vestidos de marinerito, delante de la historiadísima puerta —tenía montones de floripondios y clavos de bronce— del salón del piso bajo de mi casa, a Manolín y a mí, que hicimos la comunión juntos, nos llevaron a casa de los abuelos. El abuelo nos regaló a cada uno, después de besarnos en la cabeza y decir que yo era clavado a tío Ricardo cuando era chico, una medalla de oro de la Virgen de la Caridad y una alcancía con doscientas pesetas dentro, para que nos fuéramos acostumbrando a ahorrar nuestro dinerito. La abuela nos tenía preparada una bandeja grandísima de bizcotelas y tocinos de cielo y nos pusimos como el quico, y eso que durante el convite también habíamos comido una barbaridad. Luego nos llevaron al cuarto de la bisabuela Carmen. Estaba en la cama, apoyada en un millón de almohadones, cubierta del cuello para abajo por un peinador limpio como una patena y replanchado —mi madre decía que había una mujer dedicada exclusivamente, las veinticuatro horas del día, a lavarle y plancharle los peinadores a la bisabuela Carmen, pero yo creo que era una exageración—, con la melena suelta —unos pelajos delgaduchos y amarillentos que parecían gusanas con tuberculosis, según había dicho mi hermano Manolín, que juraba que se le había ocurrido a él solo, aunque la verdad es que Manolín nunca juraba, sólo decía palabrita del Niño Jesús—, y tan chiquituja que yo no sabía si estaba de pie o sentada. Tenía la cara arrugada como una cotufa, pero como si fuera de algodón, sin una pupa ni una vena saltada, no como la abuela, que era mucho más joven, claro, pero que a veces tenía en la cara postillas que se pintaba con mercurio cromo para secárselas y que se le cayeran. La bisabuela Carmen le pidió a mi madre que abriera la alacena que había detrás de las cortinas del cierro y que sacara para nosotros dos papelones de bizcochos; eran hojas grandes de papel de estraza, y en cada una de ellas había pegados doce bizcochos del tamaño de una caja de mixtos y que sabían a gloria, unos bizcochos que no se encontraban en ninguna otra parte, que no se podían comprar en las tiendas, en ninguna confitería, porque se los hacían exclusivamente a la bisabuela Carmen en el horno de Madre de Dios. La bisabuela Carmen se los comía por docenas, pero a la hora de convidar a los demás era muy agarrada, a las visitas sólo les daba uno por cabeza, que a las pobres no les llegaría ni a la punta de los dientes, y a mí y a mis hermanos y a Rocío y a los otros primos, el día del santo de cada uno, sólo nos daba una tira de la hoja de papel de estraza con tres bizcochos pegados. Así que cuando, por nuestra primera comunión, a Manolín y a mí nos dio un papelón entero ni él ni yo nos lo podíamos creer y, de lo nerviosos que nos pusimos, nos zampamos todos los bizcochos en un periquete mientras mi madre hacía un esportón de aspavientos y decía que allá nosotros, que nos iba a entrar un cólico miserere. La bisabuela Carmen parecía la mar de contenta, como si acabara de hacer una grandísima obra de caridad y ya tuviera asegurado el cielo. De manera que, la última vez que vi a la bisabuela Carmen, ella estaba ya hecha un muergo engurruñido, pero se reía como si estuvieran haciéndole cosquillas. Y así la recordaba.

Por eso me quedé alelado al volver a verla, aquel verano, después de que a la señorita Adoración le hicieran la cuenta y tía Victoria dijera que ella se iba a encargar de que la bisabuela Carmen estuviera cuidada como es debido. La señorita Adoración se fue un viernes por la mañana temprano —y me acuerdo del día que era porque, todos los viernes, venían las monjas de la Divina Pastora a dejar la capillita de la Milagrosa, que recogían los lunes, y aquel día a las monjas les abrió la señorita Adoración cuando se iba, y la retorcida de la gachí, según me contó la Mary, hizo una cosa muy arremangada y muy suya: les cerró la puerta en las narices y les dijo vuelvan ustedes a llamar que ya no soy quién para abrirle a nadie la puerta de esta casa—, se fue como Victoria Eugenia al destierro, que era una cosa que mi tía Blanca decía mucho, y según la Mary iba muy arreglada, eso sí, con su vestido de los domingos y una rebeca por los hombros, tiesa como un alambre de rueda de bicicleta, con su maleta de cartón, una maleta muy estropeada que, me dijo la Mary, le colgaba de la mano derecha como un ataúd de pobre, y, en la mano izquierda, a la altura de la pechera, bien agarradito pero bien a la vista de todo el mundo, el cuaderno de pastas de hule granate donde había ido apuntando las horas de visita de todas las señoras que, primero, querían ver a Carmen Lebert y, luego, cuando la señorita Adoración les prohibió entrar en el cuarto, se reunían en el descansillo de la escalera por turno riguroso y se pasaban la tarde poniendo del revés a todo bicho viviente. Aquel cuaderno era suyo y ella se lo llevaba, y a lo mejor se pensaba la pamplinera guardia de asalto, como dijo tía Victoria, que, sin sus apuntes, en el recibidor del tercer piso, con todas las señoras amontonadas sin orden ni concierto, se iba a armar la de Brunete. Como si tía Victoria no supiera organizar un jubileo y, si hacía falta, animar un poco una novena y hasta unos funerales. De algo le tenía que servir su experiencia de rapsoda y los éxitos que había tenido, como artista, en todo el mundo.

—Anda, pasa —me dijo—, no te quedes ahí como una Flagelación.

Y es que yo me había quedado en la puerta, como pasmado, incapaz de moverme, con las manos cogidas por delante del cuerpo y la cabeza gacha, pero no tanto como para no ver a la bisabuela Carmen, y la verdad es que tía Victoria tenía razón: era como si estuviese amarrado a una columna, igual que un Cristo de Semana Santa, y alguien fuera a pegarme latigazos. Tía Victoria, cinco minutos antes, se había presentado en mi cuarto, muy contenta, y me había dicho vamos ahora mismo al cuarto de la bisabuela que ahora da gloria verla y a lo mejor hasta se acuerda de ti, pero a mí me dio como una parálisis nada más asomarme a la alcoba y de lo único que tenía ganas era de salir corriendo.

Yo no me podía creer que aquel tolondrón enmorecido y desparramado como una lombriz con calambres —eso dijo la Mary cuando la vio— fuera la bisabuela Carmen. Dijo tía Victoria que lo del color amoratado era culpa de la sofocación, que entre el calor y las mortificaciones que había tenido que sufrir en los últimos meses estaba la pobre congestionada, y que la señorita Adoración, con sus manías y sus martirios, la había puesto como un timbre. Yo no sé qué clase de perrerías le haría la señorita Adoración a la bisabuela Carmen, aunque por lo que decía tía Victoria tenían que haber sido horrorosas, pero la verdad era que la bisabuela Carmen tenía el color del hábito de la cofradía de la Soledad y no paraba de moverse ni de hablar, como si se le hubiera metido en el cuerpo el mal de sanvito. Y no es que gritara ni pegara saltos como un enano en una charlotada, lo que hacía era un runrún sin descanso y lleno de tiritonas que a mí me recordó, en seguida, el murmullo de las palomas de tío Ricardo, pero como si las palomas, además de murmurear, estuvieran pegándose, a escondidas, picotazos. A mí me pareció que había un zumbido como un cuchicheo en todo el cuarto, que toda la habitación se había contagiado del parloteo apagadito pero incansable de la bisabuela Carmen, que el aire respingaba de vez en cuando como si alguien le diera pellizcos y que si yo me atrevía a entrar en la habitación me iba a dar corriente. Me pareció, de pronto, que otra vez tenía destemplanza, y hasta me llevé la mano a la frente para convencerme de que era verdad, pero entonces llegó la Mary como un avión y me dijo ¿qué haces aquí plantado como un sombrajo?, parece que estás despidiendo un duelo. La Mary, sin ningún escrúpulo, lo dispuso todo en un kirieleisón, tres sillas y un velador junto a la cama de la bisabuela Carmen, y me agarró del brazo y me metió en el cuarto sin ningún miramiento, me dejó junto a la silla que estaba a los pies de la cama y me mandó tú te sientas aquí, y entonces fue cuando se quedó mirando a la bisabuela Carmen y dijo aquello de que parecía, la pobre, una lombriz con calambres. Tía Victoria, que estaba ordenando un poco todos los tarros de medicinas que había encima de la cómoda y que según ella no servían para nada, se volvió muy seria a decirle a la Mary que no hablara así de la señora, que bastante había tenido la criatura con los maltratos de la señorita Adoración, pero la Mary le dijo que ella hablaba en plan cariñoso y que le daba muchísima pena. Luego la Mary se fue a la cocina a por una jarra de limonada y tía Victoria me dijo enseguidita vuelvo con las revistas, así que me dejaron solo, asustado, con escalofríos por culpa de la fiebre que yo sabía que me estaba subiendo, y sin poder dejar de mirar a la bisabuela Carmen que se quejaba, tenía temblores –pero no temblores fuertes, sino como si estuviera amarrada– y decía cosas que yo no le podía entender.

Menos mal que la bisabuela Carmen no me miró. Yo creo que ni se daba cuenta de que yo estaba allí. A lo mejor ni siquiera veía, o lo veía todo borroso, o pensaba que veía lo que era imposible que viese, cosas y gente de otro tiempo, qué sé yo, los montes de Sierra Morena y las partidas de bandoleros que se peleaban por ser sus pretendientes, aquellos disparates que, según tía Blanca, le había dado por contar sin pararse nunca. Yo, aunque no quería, no dejaba de mirarle la cara y lo mismo me parecía que estaba sonriendo como que estaba a punto de echarse a llorar. Claro que si, además de mirarla, me empeñaba en entender algo de aquella monserga estropajosa que ella soltaba sin cansarse, había momentos en que se me antojaba que se estaba riendo por lo bajinis, chufleándose como una bruja piruja de todos nosotros, pero otras veces pensaba que la bisabuela Carmen estaba lloriqueando, pero no lo hacía muy fuerte para que no le pegasen. Entonces, también a mí me entraban ganas de llorar.

Por suerte, la Mary y tía Victoria tardaron poco en volver, porque si no a lo mejor me habría dado un ataque.

—¿Qué? —dijo tía Victoria—. ¿Te ha reconocido?

Yo le dije que no, y que además no se le entendía nada.

—Seguro que es cosa de acostumbrarse —dijo la Mary—. Loli, la enfermera, me ha dicho que ella ya le entiende mucho.

Tía Victoria había dicho que no quería que la enfermera estuviese todo el día en la habitación, que no hacía ninguna falta, aunque la enfermera de noche era distinto. Loli, la enfermera de día, era joven y fuertota y empezó a ir sólo hasta media mañana, el tiempo justo para hacer el cuarto y arreglar a la bisabuela Carmen. A la enfermera de noche no la vi nunca, aunque sabía que se llamaba Luisa y que tenía la desgracia de no poder dormir, era como una enfermedad, por eso hacía aquel trabajo. La tía Victoria estaba empeñada en ocuparse ella sola de todo lo que le hiciera falta a la bisabuela Carmen, la Mary me dijo que a lo mejor había hecho una promesa porque si no aquello no se entendía, pero de noche decidió dejarlo todo en manos de la enfermera, y es que de noche, según la Mary, tía Victoria tenía que despachar con Luiyi. Tía Victoria llevaba sólo cuatro o cinco días dedicada con muchísimo entusiasmo a sus nuevas ocupaciones y se pasaba todo el rato diciendo que estaba encantada, y según la Mary eso daba por fuerza muy mala espina porque seguramente quería decir que lo estaba pasando fatal pero no le daba la gana reconocerlo. Menos mal que mi abuela, por lo que me dijo la Mary, también se imaginaba que a tía Victoria le iba a entrar la jartura en seguida, que iba a aburrirse y mandarlo todo a la porra en cuanto pasara la novedad, así que mi abuela le seguía pagando a Loli todo el sueldo para que estuviera disponible, porque la Mary, desde luego, había dicho que cuando tía Victoria diese la espantada, ella no pensaba poner los pies en aquel cuarto, que ella no tenía caprichos de sepulturera. Sin embargo, eso no era del todo verdad, porque por aquellos días, hacia mediados de julio, no había quien le descolgara de la boca los dimes y diretes de un crimen, unos muertos y un asesino, guapísimo según la Mary, que se llamaba Jarabo.

Aquella tarde, con la limonada, la Mary trajo *El Caso,* donde venía todo lo del crimen.

—Dicen que el muchacho hasta se drogaba, fíjese que lástima, señorita Victoria.

Tía Victoria había puesto una pila de revistas encima del velador y le estaba arremetiendo un poco las sábanas a la bisabuela Carmen.

—Qué horror, Mary, por favor —dijo tía Victoria—. Ya te he dicho que no hables de eso delante del niño. Hay que hablar sólo de cosas bonitas. Ahora mismo buscamos la revista donde estoy yo con el príncipe Michovsky en el baile del Aga Khan y ya veréis qué preciosidad.

A la Mary le chiflaban todos los detalles del crimen de Jarabo, pero también la volvían loca los bailes principescos de tía Victoria, que sabía contarlos maravillosamente. Y la verdad es que a mí me pasaba lo mismo. Tía Victoria, por supuesto, ni se figuraba que lo del crimen me lo sabía yo de carrerilla. La Mary me había puesto al tanto de todos los pormenores, me había ido contando, cada vez que tenía un momento para charlar conmigo, dónde, cuándo y cómo había asesinado Jarabo a cada una de las víctimas, y cómo se había manchado la ropa de sangre, de manera que tuvo que llevarla a la tintorería, y los de la tintorería se chivaron y por eso le echaron el guante. La Mary decía que ella se imaginaba a Jarabo, tan requeteguapo, quitándose la ropa y lavándose completamente en cueros, restregándose fuerte con una manopla y jabón Lagarto, desesperadito para no dejarse encima ni una gota de sangre, enjabonándose bien, despacio, hasta con regusto, desde la raíz del pelo hasta el dedo gordo del pie, pasando por todo lo demás, y ella no podía remediarlo, a ella empezaba en seguida a rechinarle la bisagra. O sea que la Mary se moría de ganas de tener un interludio con el tal Jarabo. Algunas noches, yo me imaginaba que Jarabo entraba medio desnudo por el cierro de mi habitación, me decía que le ayudara, que se había escapado de la cárcel, que se tenía que bañar para que no pudieran seguirle el rastro, y yo entonces le dejaba pasar al cuarto de baño y me quedaba mirando, por la rendija de la puerta, cómo se quedaba completamente desnudo y se miraba en el espejo mientras la bañera se llenaba de agua, y me parecía que él sabía que yo lo estaba mirando, y era verdad, porque de pronto él se volvía y sonreía y me guiñaba un ojo, y yo no sabía si era para darme las gracias o para decirme que entrase y me bañara con él, allí, los dos juntos, los dos desnudos, en la bañera llena de agua fresquita, con el calor que hacía. Ese sueño no se lo conté a la Mary, para que no se pusiera celosa.

La Mary, en cambio, estaba deseando contarme lo que traía *El Caso* y lo que, por lo visto, había escuchado por la radio en el escritorio, mientras lo adecentaba un poco, que era una leonera y ella no comprendía cómo el abuelo podía hacer tan buenos negocios con tantísimo barullo de papeles. Tía Victoria, naturalmente, no le dejó decir ni una palabra más sobre el dichoso Jarabo, no estaba dispuesta a perder ni un minuto en aquella historia tan desagradable, como si no tuviéramos suficientes crímenes en esta casa, dijo, y la Mary y yo nos quedamos de piedra. Tía Victoria dijo que sí, que a ver si no era un crimen lo que habían estado haciendo con la bisabuela Carmen, que si no lo era lo que pasaba con el tío Ricardo —y es que tío Ricardo seguía con sus horarios estrafalarios y sus palomas amaestradas y destrozonas, y desde luego nadie había intentado convencerle de que le hiciera una visita a la bisabuela Carmen, que era su madre, al fin y al cabo— y que si no era un crimen, decía tía Victoria, tener a la tata Caridad en aquellas condiciones, con aquel plañiderío que la pobre se traía por estar desbaratándose como una figurita de arena. La Mary dijo que no era para tanto, por Dios, que no se pusiera tía Victoria tan trágica, que, después de todo, aquella casa siempre había sido un loquerío de mucho cuidado, un sitio poco corriente, con gente rarita, rara y rarísima, pero que a ella le hacía hasta gracia.

—A mí también me hacía gracia, niña —dijo tía Victoria—, pero ya ves, de pronto no me hace ninguna.

A tía Victoria tenía que pasarle algo, porque ya no parecía la misma de antes.

Sólo volvía a ser como siempre cuando se metía en sus revistas y recordaba en voz alta para la Mary y para mí, para que se nos pusieran los dientes largos, todas sus fiestas, todos sus modelos exclusivos y elegantísimos, todas sus joyas —antes de que llegara la moda italiana—, todos sus triunfos y todos sus novios.

Aquella tarde, sin embargo, y por más que revolvió en la pila de revistas, no encontró ella el reportaje en el que salía bailando un vals con el príncipe Michovsky, en una fiesta del Aga Khan. Cuando se cansó de buscar, cogió una cualquiera, una revista grandísima que se llamaba *Karussell* y estaba toda escrita en alemán, y se fue derecha a la página donde salía su foto. Por regla general, tía Victoria, según la Mary, hacía mucho el paripé, se entretenía un ratito haciendo como que buscaba en las revistas las páginas en las que estaba ella, como si no las viera desde hacía un montón de años y se le hubiera olvidado casi por completo. Pero de vez en cuando, si estaba nerviosa o a punto de enfadarse, no tardaba ni un minuto en encontrar, en la revista que fuese, la foto donde ella aparecía o el párrafo en el que la nombraban, así que la Mary seguramente tenía razón cuando decía que tía Victoria se sabía todos los reportajes de carrerilla, del millón de veces que los había leído, releído y remirado, pero que le gustaba hacerse la desmemoriada y aparentar que de pronto se acordaba de lo guapísima que estaba, del éxito que tuvo o de lo bien que se lo pasó en una fiesta, porque se le antojaría más interesante y no querría hacer el ridículo como mi tía Emilia, la hermana de mi padre, que estaba todo el rato dando la matraca con las meriendas que daba la infanta doña Beatriz y a las que ella iba siempre invitada. La pobre tía Emilia, claro, es que no podía presumir de otra cosa. Tía Victoria, en cambio, podía darse pisto por haber sido una belleza y conservarse todavía divinamente, por haberse tratado en un montón de países con lo mejor de lo mejor, por haber tenido pretendientes despampanantes y, además, por haber recitado en todo el mundo, en los mejores salones, con un éxito fenomenal. En la revista *Karussell*, precisamente, había una foto de tía Victoria declamando con tantísimas ganas que parecía que acababa de darle un telele.

—Un triunfo inolvidable —dijo tía Victoria, la mar de emocionada—. Fue en Viena, en el Havelka. Un recital dedicado por entero a Federico.(Posible más que una)

¿Qué Federico? A lo mejor era el mismo que le había mandado a tío Ramón aquella postal que yo me había guardado, aquella postal en la que se veía un perro callejero mirando embobadito perdido a un palomo precioso, aunque con pinta de ser muy litri y muy doñamajestad, como decía la Mary, un palomo que parecía estar disfrutando muchísimo al ver cómo al pobre perro se le caía la baba de sólo mirarlo, porque atraparlo no lo atraparía jamás, que estaba el palomo en la punta de un árbol como una reina. A lo mejor era el mismo Federico, y tía Victoria lo conocía.

Casi no me di cuenta de que se lo preguntaba.

—¿Conoces tú a Federico?

La Mary dio un respingo, como si yo la fuera a traicionar a pesar de haber jurado por mis muertos que no lo haría nunca, pero tía Victoria se echó a reír con una risa que parecía de pena y dijo:

—¡Hubiera dado cualquier cosa por conocerle!

—Pues tío Ramón lo conoce —dije yo, y vi que la Mary apretaba la boca como si acabaran de entrarle retortijones y estuviera a punto de darle un gorigori.

—Eso es imposible, corazón —dijo tía Victoria, y me revolvió el pelo, que era una cosa que a mí me daba mucha rabia que me hicieran—. Al pobre Federico lo mató Franco hace mucho tiempo.

En aquel momento, la bisabuela Carmen, como si fuera una espía de Franco, dio un chillido que no es que fuera muy fuerte, pero sí afilado como un pincho y largo, aunque cada vez más flojo, pero como si no fuera a terminar nunca, como si se le hubiera encasquillado en la garganta. Tía Victoria se puso muy nerviosa y no sabía qué hacer para quitarle a la bisabuela Carmen aquel chillido. La Mary dijo que seguro que se le quitaba tapándole la nariz y la boca al mismo tiempo y contando hasta treinta, que aquello era como un hipo —aunque la Mary no decía nunca hipo, sino jipo, pero yo una vez le dije a Antonia, la niñera de mi casa, un día que fue a hacerme una visita, que tenía jipo y ella me mandó que no dijera eso, que no copiara tanto a la Mary, que la Mary era una fresca callejera, y que los niños de buena familia no podían tener jipo, sino hipo, que quien tenía jipo era la gente pobre y sin educación. Tía Victoria se sofocó muchísimo, le dijo a la Mary quita, niña, por Dios, tú lo que quieres es ahogarla. Le dio a la bisabuela Carmen unos cuantos achuchones para ver si, variando de postura, se le acababa el chillido, pero no había manera. Aquel chillido era como si alguien estuviese raspando un cristal con una cuchilla. Y todo, a lo mejor, porque tía Victoria había acusado a Franco de haber matado a Federico. Claro que si, en lugar de la bisabuela Carmen, hubiera sido tía Blanca quien hubiese escuchado a tía Victoria faltarle al respeto al Caudillo, lo mismo tía Victoria habría terminado sin un rizo en la permanente y con la cara llena de arañazos y a lo mejor en el cuartelillo de la Guardia Civil, porque tía Blanca se ponía muy fanática y si le daba el jipijerpe era capaz de denunciar a cualquiera. La bisabuela Carmen ya no era capaz de tirar de los pelos ni de arañar ni de poner denuncias, así que hacía lo único que podía: chillar.

—A lo mejor es que has dicho una calu toria —dije yo, un poco acobardado.

—No es una calumnia, corazón. El hijopu co mandó que fusilaran a Federico.

Yo me quedé sin respiración. La Mary abri simo los ojos y cruzó las manos con tanta fue parecía que quería pegárselas, para que, si venían lc guardias civiles, vieran que ella no tenía nada que ver y que estaba rezando. Y la bisabuela Carmen volvió a chillar, y esta vez el chillido fue mucho más fuerte, aunque la verdad es que duró poco, la bisabuela Carmen ya no tenía fuerzas para nada. Pero a tía Victoria parecía que, de pronto, todo le daba igual. Yo pensé que a lo mejor había estado muy enamorada de Federico, que había tenido con él un interludio y era como su viuda. Volvió a sentarse en la silla y apoyó los codos en el velador, sin importarle que la bisabuela Carmen chillara o dejase de chillar, y dejó caer la cabeza entre las manos, juntas por las muñecas, y la verdad es que no parecía triste ni cansada, sólo embebida en algo que estaba recordando y que debía de ser precioso. Sonreía un poco y miraba como si fuera una estampa milagrosa la foto de *Karussell* donde estaba ella declamando como una descosida. Debajo de la foto había escrita, en letra cursiva, una frase de la que sólo se entendía el nombre de tía Victoria —Victoria Calderón Lebert— y otro nombre español: Federico García Lorca.

—Este año no me voy de aquí sin dar un recital de Federico —dijo tía Victoria—. Aunque me metan en la cárcel.

El chillido de la bisabuela Carmen, que se le había vuelto a atrancar en la garganta, era como el sonido de un cerrojo mohoso que alguien estuviera empujando para dejarnos encerrados en aquella habitación.

—Hay que reconocer que es usted un pedazo de artista —dijo la Mary con un poco de atolondramiento, si quisiera sacudirse la descomposición que le había entrado—. Cualquiera que la vea en esta foto se da cuenta del pedazo de artista que es usted. Parece hasta extranjera.

—Pues ya ves —dijo tía Victoria, muy animada de repente—, en el extranjero me tienen por el ejemplo máximo de española. Un volcán, me tienen por un volcán. Sobre todo, cuando recito a Federico. Es lo mío. Es como si Federico hubiera escrito sus versos tan maravillosos expresamente para mí. Y acabo de tener una idea magnífica: este verano, en el Teatro Municipal, y si no me dejan el Teatro Municipal pues aquí mismo, en esta casa, a lo mejor en el patio, de noche, qué maravilla... este verano no me voy sin dar un recital de Federico que va a dejar bizcos a todos los pazguatos del pueblo. Ya veréis qué escándalo.

De pronto, tía Victoria volvía a ser la tía Victoria de siempre, muriéndose por armar alguna escandalera.

Tía Victoria se levantó la mar de entusiasmada —parecía que acababan de ponerle una inyección de bourvil en el zipizape, como decía la Mary—, se dedicó durante un momento a menear un poco a la bisabuela Carmen, le pidió por la Macarena bendita que dejara de gruñir como la pata de Melitón —Melitón era un almacenero del Barrio Alto que tenía una pata de palo que le crujía una barbaridad y daba muchísimo repelús escucharlo—, le dijo que si no paraba a ella le daba lo mismo, que el arte no podía esperar, que iba a empezar inmediatamente los ensayos y que si seguía poniéndose impertinente a lo mejor no había más remedio que llamar otra vez a la señorita Adoración, la jaraba ésa. La Mary y yo nos miramos y ella me guiñó un ojo: seguro que tía Victoria también estaba siguiendo como una fanática lo del crimen de Jarabo. Aunque no lo quisiera reconocer. Aunque le pareciera un entretenimiento de criadas. Aunque fuera una artista como una catedral. Que seguro que lo era. No había nada más que ver cómo se puso a ensayar allí mismo, en la alcoba de la bisabuela Carmen, sin importarle lo más mínimo que a la bisabuela Carmen no le saliera del tentempié dejar de chillar como una lechuza con almorranas —eso dijo la Mary, con muy poquísimo respeto, cuando le dijo a mi abuela, unos días después, que ella no pensaba quedarse a cuidar de noche a la bisabuela Carmen, por más que a Luisa, la enfermera de noche, le hubiera dado un dolor y estuviera en la cama sin poder moverse—, sin importarle que aquello pudiera parecer un escarnio. Empezó a declamar cosas rarísimas —algo así como que quería que lo verde fuera verde— y a coger unas posturas que era como para que se descoyuntara. Repetía algunos versos hasta dos o tres veces, cambiando la voz, variando la postura, haciendo pausas de vez en cuando para reconcentrarse y exprimirle, como ella nos dijo, el tuétano a Federico. Pues, a pesar de todo, seguro que también a tía Victoria se le desliaba un poco, y a lo mejor hasta un mucho, la bobina de la satisfacción cuando pensaba en Jarabo, como me dijo luego la Mary.

Claro que tía Victoria tenía a Luiyi para rebobinar todo lo que quisiera. Pero también la Mary tenía cuatro novios con los que pelaba la pava en la casapuerta, con lo que además de ocupación tenía variedad, como a ella le gustaba, y no por eso dejaba de tener derrames cuando veía la foto de Jarabo. La Mary lo decía tal cual: no hago más que verle en la foto y me da un derrame. Yo nunca me atreví a decirle que algo parecido me pasaba a mí.

Por supuesto, en aquel momento tía Victoria no estaba ni para Jarabo ni para nadie. Se quedó muy quieta, como en un trance, durante un rato en el que en la habitación sólo se escuchó el chillido de la bisabuela Carmen como el zumbido de un tábano venenoso, y de pronto se lió a recitar como si estuviera en el Teatro Villamarta de Jerez, como si tuviera delante mucho público, fotógrafos, reporteros de *La Voz del Sur* y de revistas como *Karussell.* Declamó una poesía de un tirón, y a mí se me pusieron los pelos de punta de lo bien que lo hizo. Me dio un escalofrío y pensé: me está subiendo la fiebre. Hasta me picaban los ojos y de pronto me di cuenta de que tenía seca la boca y no podía tragar nada porque estaba sin saliva. Y cuando tía Victoria terminó la poesía y se quedó como una estatua, con las manos juntas a la altura del buche pero separadas del cuerpo, y con los ojos cerrados, y respirando como si acabara de subir corriendo la Cuesta Belén, la Mary y yo nos quedamos un momento como pasmados, pero de pronto nos pusimos a aplaudir como si estuviera desfilando la Legión y a tía Victoria se le fue poniendo cara de marquesa después de haberle dado a un pobre una limosna. Pero no éramos la Mary y yo los únicos que aplaudíamos.

—¡Caro Luiyi! —dijo con muchísima mandanga tía Victoria, y se fue hacia la puerta con un brazo estirado y haciendo como que flotaba.

En la puerta del dormitorio de la bisabuela Carmen estaba Luiyi, en bañador y descalzo, con el perro Garibaldi medio asfixiado entre los músculos de los brazos y las medias sandías de los pechos —que los pechos de Luiyi eran muchísimo más grandes que los de muchas mujeres— y aplaudiendo como si estuviera en una función de cristobitas. Tía Victoria puso la mano floja para que Luiyi se la besara y cuando el secretario se la besó a mí me pareció que lo hacía como si le diera grima. A mí me daba una grima espantosa cuando, el Viernes Santo, tenía que besar los pies de un crucifijo que antes había besado un montón de gente y que tenían que estar llenos de microbios, por mucho que los monaguillos pasaran un trapito después de cada beso. Había gachises que, al besar, hacían hasta ruido y después dejaban todo el pie del crucifijo lleno de saliva. Y yo pensé que Luiyi le besaba la mano a tía Victoria como si antes se la hubiera chupeteado una gachí babosa. Tía Victoria, por un momento, se acurrucó junto a Garibaldi entre los brazos de aquel tarzán, y luego dio dos pasos al frente y se quedó de nuevo como una escultura, exactamente igual que como aparecía en la foto de *Karussell*, como si aquella postura tan artística se la supiera de memoria.

La Mary y yo volvimos a aplaudir, aunque sin tanto entusiasmo como antes, la verdad.

—Lo único que le faltan son las joyas —dijo de pronto la Mary, y cuando le miré la cara me di cuenta perfectamente de que lo había dicho con muy mala intención.

Tía Victoria dio un pequeño respingo, como hacen todas las mujeres en el circo cuando un mago las hipnotiza y, para que se despierten, les hace un chasquido con los dedos delante de la cara; todas dan un saltito y luego, durante unos segundos, parecen sonámbulas. Pues eso fue lo que hizo tía Victoria, como si acabara de salir de un éxtasis —el hermano Gerardo nos explicó una vez lo que era un éxtasis, cruzó los brazos sobre el pecho y ladeó un poco la cabeza, igual que la Inmaculada de Murillo, aunque Gurrea, uno de la clase que era muy lagartija, dijo que tenía cara de pánfilo y todos nos echamos a reír y el hermano Gerardo salió del éxtasis en un santiamén y con muy malas pulgas. Tía Victoria, en cambio, dejó de estar extasiada y parecía que se había quedado medio carajota y que no se había enterado de lo que la Mary había dicho. Pero la Mary no se engurruñía por eso.

—Decía, señorita Victoria, que sin joyas no es lo mismo, las cosas como son.

Tía Victoria, como si se hubiera quedado sorda. Por lo visto, aquello de tener un éxtasis era una ruina.

Y la Mary, erre que erre.

—Digo, señorita Victoria, que aquí, en la foto, se ve que llevaba usted unas alhajas divinas. Esa mano, con esos brillos, tenía que valer un imperio.

Yo me fijé y vi que era verdad. En la foto de *Karussell* tía Victoria llevaba las manos llenas de sortijas que brillaban como las bombillas de la feria. Pero tía Victoria seguía en babia, o eso era lo que quería aparentar, como si las musarañas le estuvieran contando la Biblia desde Adán y Eva.

—Da hasta fatiga pensar que un joyerío tan precioso tenga que quedarse en un cajón por culpa de una moda zarrapastrosa. De verdad, señorita Victoria.

Estaba claro que la Mary no pensaba salir de aquella habitación sin que tía Victoria le contase qué había pasado con todas aquellas alhajas, dónde las guardaba, cuánto podían valer, cuándo nos las iba a enseñar. La Mary me lo venía diciendo desde hacía la mar de tiempo: Tu tía Victoria nos enseña esas joyas como me llamo Mary y como que mi madre me parió con la raja de arriba abajo. Claro que también decía que tía Victoria había tenido que venderlo todo y se había inventado lo de la moda italiana para disimular. A mí me daba rabia pensar que tía Victoria estuviese tan pobre, pero había una cosa clara: si la moda italiana, tan chuchurría, prohibía llevar joyas, ¿por qué se había presentado tía Victoria, tan chic, el día en que llegó, con un collar de perlas? La Mary en ese detalle no se había fijado, porque me lo habría dicho, pero yo sí que me fijé porque todo el mundo decía que yo era un niño muy detallista. Seguramente, aquel collar de perlas y aquellos zarcillitos que a lo mejor le regalaron cuando la confirmación era lo único que a tía Victoria le quedaba. Eso lo había pensado yo desde el primer momento, pero no quise decírselo a la Mary para que no me dijera que en esas cosas no se fijan los niños y que yo era tirando a rarito.

Por eso me callé, por eso me callaba a veces muchas cosas, porque me daba miedo que dijeran que era rarito. Rarito había sido tío Ricardo cuando era niño, y ya se veía cómo había terminado el pobre. Rarito fue siempre, según tía Victoria, José Joaquín García Vela, y muchas veces me acordaba de pronto de la cara de lástima que tenía la última vez que le vi, en mi dormitorio, cuando salió del gabinete después de que tía Victoria lo mangoneara a su antojo, y por nada del mundo quería ser como él. Rarito era Federico, el que le había escrito la postal a tío Ramón, que la Mary me dijo que tenía que serlo para escribirle a otro hombre una cosa así y que a ella no le parecía trigo limpio. Y rarito había empezado siendo Cigala, el manicura, según él mismo decía, rarito desde chavea, y había acabado siendo maricón. Así que yo procuraba no hacer ni decir nada por lo que la Mary pudiera decirme ay, picha, qué rarito me estás saliendo, pero a veces tenía un descuido y la Mary o Antonia o hasta mi madre, sobre todo si estaba nerviosa porque yo me ponía pejiguera y a ella se le hacía tarde para ir a casa de las Caballero, me lo decían. Y me aguantaba, pero siempre me entraban ganas de llorar.

—Es que la moda italiana tiene mucha guasa, ¿verdad, tía Victoria?

Cuando dije eso, más que nada porque me daba pena saber que tía Victoria estaba tan pobre y no quería que la Mary siguiera siendo con ella tan campanera —Antonia me había explicado que Campanera, la madre del actor Joselito en una canción, era una mujer mala—, tía Victoria sonrió como si comprendiera que tenía que bajarse del guindo, pero la Mary me miró como si quisiera decirme ay qué rarito eres, renacuajo. La Mary, cuando se emperraba en algo, era capaz hasta de pegar mordiscos.

Claro que ni la Mary ni yo, ni Luiyi, ni por supuesto la bisabuela Carmen —que ya no gritaba, la pobre, pero seguía chirriando como la radio cuando se encajaba en una interferencia, y pegando por debajo de las sábanas brinquitos de cigarrón– podíamos ni figurarnos lo que iba a hacer tía Victoria. Y es que de pronto se llevó la mano a la pechera, se rebuscó en el canalillo, se sacó de allí una sortija que de momento ni la Mary ni yo pudimos ver cómo era, se la puso en el dedo meñique de la mano derecha y volvió a estirar el brazo como si fuera el cardenal Bueno Monreal el domingo de Pascua.

Era una sortija muy pequeña, pero preciosa. Tenía la forma de una serpiente enroscada y terminaba como la bicha del Paraíso: una cabeza de serpiente con la boca abierta y, dentro, como una manzana, un rubí tan colorado que parecía, como dijo la Mary, un goterón de sangre. Y es que la Mary se quedó embobada. Dijo que no había visto una cosa tan bonita y tan fina en toda su vida. A pesar de lo chica que era, la sortija tenía un labrado que era una obra de arte y la Mary dijo, muy novelera, que seguro que tenía historia.

–¿Verdad que tiene historia, señorita? Se ve a la legua.

Pero tía Victoria no se daba por aludida. Era como si acabara de resucitar, pero estuvieran todavía desembalsamándola. Sólo dejaba volar su mano por delante de nuestras narices como un murciélago presumido. El oro de la sortija, pero sobre todo el rubí, brillaban como si quisieran decir algo. Luiyi dijo que también era la primera vez que él veía aquel anillo y que seguro que, cuando lo usaba, tía Victoria era capaz de declamar mejor que nadie en el mundo. Parecía, dijo la Mary, un talismán. Y era un crimen que tía Victoria lo tuviese guardado en la pechera, como si fuera el cambio de la plaza. Un crimen casi tan grande como el de Jarabo. Un crimen que no tenía perdón de Dios. Si ella fuera tía Victoria, no se quitaría esa sortija ni para dormir.

–Y a la moda italiana –dijo–, que la zurzan.

Pero a tía Victoria el éxtasis le había sentado como un litro de Barbiana. De repente, le dieron como unos espasmos. Se encogió igual que si acabara de darle un cólico y escondió entre los rebujos de la blusa la mano en la que tenía la sortija. A lo mejor tenía miedo de pronto de que alguien se la robara. Se la sacó del dedo con muchas precauciones y se la volvió a guardar en el canalillo de la pechera. Después se quedó como en trance, como si de nuevo la hubiera cogido el éxtasis. Pero en seguida se enderezó. Tan campante. Sonriendo como una trapecista después de haber hecho de dulce un salto mortal. Tan contenta, tan coquetona y tan dispuesta como siempre. Miró a Luiyi como si estuviera deseando despachar con él. Me revolvió el pelo. Le riñó medio en broma a la Mary por tener encima del velador *El Caso* con las últimas noticias sobre el crimen de Jarabo. Le tocó la frente a la bisabuela Carmen y le hizo una morisqueta que quería decir que estaba de perlas. Y, de pronto, dijo que allí dentro hacía muchísimo calor, y abrió de par en par la ventana que daba al patinillo, y de golpe se coló en la alcoba todo el olor de la bodega, que estaba abierta porque había hombres encalando, y aquel olor era como un puré de uva, y yo sentí un escalofrío y que me mareaba, y a la bisabuela Carmen le dio una tos que sonó como si alguien acabara de darle un puntapié a un vaso de latón, y la Mary se levantó corriendo y dijo por Dios, señorita Victoria, tenga cuidado, y cerró la ventana, porque, aunque era julio y hacía un calor espantoso, estábamos teniendo un verano rarito, cuando menos se pensaba se levantaba un aire y se formaba una corriente criminal.

La tata Caridad dijo que a mí lo que me pasaba era que tenía el olor del vino metido en los huesos. Otra vez tenía destemplanza y no podía levantarme porque me daban mareos, y mi abuela dijo que habría que llamar a José Joaquín García Vela, que a lo mejor por tratarse de mí hacía una excepción y consentía en poner de nuevo los pies en aquella casa. Yo no sé si le avisaron, pero desde luego no apareció. Mi madre y mi padre vinieron juntos, los dos con muchas prisas, y le dijeron a la abuela que no se preocupara, que era sólo un arrechucho sin importancia de la enfermedad tan latosa que había pasado y que la culpa a lo mejor era de alguna comida no demasiado católica que me había sentado mal. Pero la tata Caridad no paraba de decir que no, que la culpa era del olor del vino que se me había pegado al esqueleto como un reuma.

Durante dos o tres días tuve que quedarme en cama y tía Victoria estaba tan ocupada con la bisabuela Carmen y con los ensayos de las poesías de Federico que no encontraba tiempo para venir a mi dormitorio a ver las revistas y a presumir de éxitos apoteósicos, como ella decía, y novios despampanantes. La Mary sí que se vino una tarde a planchar al cierro de mi habitación, pero se pasó todo el tiempo hablando de la sortija de tía Victoria, de lo preciosa que era, de lo bien que tenía que sentirse cualquier señora, y no digamos cualquier gachí, si llevaba puesta una alhaja como aquélla. La Mary hablaba con tantas ganas de la sortija que cualquiera diría que, con tal de tenerla, era capaz de cometer un crimen como el de Jarabo. También me dijo la Mary, sin muchas aclaraciones, que algo raro pasaba entre tía Victoria y Luiyi, que ella los veía disgustados el uno con el otro, y que una noche incluso los había oído discutir y la Mary estaba segura de que era, también, por la sortija.

Reglita Martínez pasó a verme antes de meterse en el gabinete para hacer la tertulia con las visitas de la abuela, y nos contó a la Mary y a mí que a un cuñado de una hija de la planchadora que ella había tenido mucho tiempo en su casa le había tocado un millón de pesetas en la lotería. Reglita Martínez estaba horrorizada, porque el pobre hombre era un obrero corriente y moliente, ¿y qué podía hacer un obrero con un millón de pesetas? Pobrecito, seguro que se condena, dijo Reglita Martínez. Y se santiguaba con mucha devoción, como si a fuerza de santiguarse estuviera haciendo una pared para que el obrero al que le había tocado un millón de pesetas en la lotería no cayera derecho al infierno. Luego, en la tertulia, Reglita Martínez volvió a contarlo y todas las señoras estaban de acuerdo en que aquel obrero, con un millón, se condenaba seguro, porque el dinero hay que saber usarlo y para eso hace falta una educación y una clase. Si yo fuera Papa, dijo Reglita Martínez, excomulgaba a la lotería por hacer que se condenen los obreros.

La Mary, como es natural, me dijo que ella estaba dispuesta a condenarse por un millón y, desde luego, por la sortija de tía Victoria, que si no valía el millón le faltaba poco.

Las señoras de la tertulia de la abuela, por cierto, estaban muy extrañadas y disgustadísimas porque tía Victoria ya no se iba con ellas a cotorrear, con lo animada y lo entretenida que tía Victoria había sido siempre, y no hacían más que preguntarle a la abuela que por qué Victoria no se dignaba ya hacerles un poquito de compañía, ¿es que le da miedo que le contagiemos algo, Magdalena?, ¿es que tanto tiene que despachar con su secretario?, ¿es que ya no le parecemos gente bien y por eso no quiere saber nada de nosotras? Lo decían con tanto retintín que se notaba a la legua que estaban muertas de envidia.

Pero yo estaba cancamurrio, como decía la Mary, y me daba lo mismo que las señoras de la tertulia de la abuela pusieran a tía Victoria de vuelta y media. Le pedí a la Mary que abriera un poco el cierro, que me estaba asfixiando por el calor que hacía dentro del dormitorio y por aquel olor del vino, un olor que se había extendido ya por toda la casa como un pariente aprovechado —o sea, como Reglita Martínez, que no había llegado a ser pariente nuestra por el plantón que le dio tío Ricardo, pero ella no echaba cuenta de eso y se presentaba siempre en la casa a las horas en que había algo de comer—, un olor que a mí, según la tata Caridad, se me había metido en los huesos y me tenía más desangelado y más triste que una cena de cuaresma. La Mary, que estaba sudando como un botijo y tenía una mancha grandísima en el uniforme, debajo del sobaco, no quiso abrir el cierro, la abuela había dicho que ni se le ocurriera. La Mary dijo que nos tocaba padecer como ánimas del purgatorio, y yo pensé de pronto que a lo mejor aquellas almas que estaban en el mirador, metidas en los cuadros, también se ahogaban con el olor del vino y estaban echándole maldiciones al abuelo por haber mandado en aquellos días encalar la bodega y abrirla de par en par. El olor del vino era tan espeso que a mí me parecía que se podía agarrar y que dejaba los dedos un poco pringosos. Y no dejaba sitio a ningún otro olor. De pronto, toda la casa no olía más que a vino y la tata Caridad decía que a las personas mayores no les llegaba tan adentro, pero que a un niño de diez años como yo se le metía hasta el tuétano y podía llegar a derretirle los huesos.

Claro que a lo mejor la tata Caridad decía eso porque estaba deseando que a alguien le ocurriera algo parecido a lo que a ella le estaba pasando. Y es que la pobre iba de mal en peor. Ya no sólo había perdido por completo el perfil derecho, sino que estaba empezando a perder también el izquierdo y andaba por toda la casa dando trompicones, y por supuesto en sus bajos no sentía absolutamente nada porque se le habían descolgado del todo, y según ella las piernas ya muchas veces le desaparecían las dos de golpe —de repente, se caía de culo en medio de la galería y allí se quedaba sentada, lloriqueando, hasta que a la Mary le salía de los tirabuzones del zepelín, como ella me decía, ir a recogerla y llevarla a su cuarto y dejarla encima de la cama hasta que se le pasara lo que mi tía Blanca llamaba el maniqueísmo; cuando a la tata Caridad le da el maniqueísmo, decía tía Blanca, no hay quien la soporte.

Lo último del maniqueísmo de la tata Caridad era vendarse los brazos como si fueran los de una momia, algunas veces el brazo derecho y otras el izquierdo —y seguro que cualquier día empezaba a vendarse los dos a la vez, ya se daría maña para hacerlo—, porque decía que se le soltaban cada dos por tres y le entraba la porciúncula solamente de pensar que, de pronto, cuando estuviera fregando, un brazo entero se le soltara y se le fuera por la cañería del fregadero. Por eso se andaba con un trapajerío que a la Mary le daba hasta asco, aunque según la tata Caridad, aquel olor del vino, que a mí podía derretirme los huesos, a ella podía aliviarle un poco los achaques, porque era tan espeso que se lo sujetaba todo y corría menos peligro de quedarse como el busto del Generalísimo.

Y a lo mejor era verdad. A lo mejor aquel olor era bueno para las personas mayores y veneno para un niño como yo. A mí me hacía sentirme desganado, pero al mismo tiempo nervioso, y la nariz la tenía reseca y la saliva me sabía como si acabara de devolver. La Mary me puso el termómetro y sólo tenía treinta y siete tres, pero cuando me levantó un poco para darme la merienda sentí unas punzadas como alfilerazos al lado de los ojos y que la cabeza se me iba. Yo ya estaba convencido de que aquel olor me estaba destrozando por dentro. La tata Caridad, en cambio, parecía muy mejorada, tanto que fue la primera, a pesar de sus achaques, en presentarse en mi habitación para darnos la noticia.

—A Luisa —dijo— le ha dado un dolor y no puede levantarse de la cama. Ha mandado a una sobrinilla con el recado.

—O sea —dijo la Mary, con aquel pronto farruco que ella tenía—, que hay que buscar a alguien que se quede por la noche con la señora duquesa de Benamejí. Pues conmigo que no cuenten.

En seguida apareció tía Victoria, descompuesta. Aquello sí que era un desavío, con lo cansadísima que ella estaba por culpa de los ensayos de las poesías de Federico, con la tranquilidad que necesita una artista para dar lo mejor de sí, y ahora aquella repentina preocupación, ¿dónde podía ella encontrar a una enfermera para que se quedara de noche con la bisabuela Carmen? En el gabinete, todas las señoras de la tertulia se pusieron a cacarear como papagayos cuando entró tía Victoria y a hacerle muchas zamemas, todas la encontraban mejor que nunca, pero lo decían con tanta exageración que se notaba que mentían como almaceneras, y además tía Victoria no estaba para contemplaciones. Había que buscar una solución. A la bisabuela Carmen —a quien la Mary llamaba señora duquesa de Benamejí, por aquello de que andaba siempre enredada con sus bandoleros, como Amparito Rivelles en la película— no se la podía dejar sola de noche, por lo que pudiera ocurrir, y no había tiempo para buscar a una enfermera, porque Loli, la de la mañana, se estaba yendo a dormir todos los días a Cádiz para estar con una hermana suya que acababa de tener un niño. La abuela, entonces, llamó a la Mary, pero ella dijo con mucho descaro que ni hablar, y fue cuando soltó sin ningún empacho que ella no tenía caprichos de sepulturera. Y entonces —la Mary me lo contó después—, tía Victoria miró de pronto a Reglita Martínez, y puso aquella cara que sabía poner para engatusar a quien fuera, a un mojamé rabioso que se le pusiera delante, como decía la Mary, y se fue como una abadesa empalagosa a besuquear a la pobre Reglita, ay, Reglita, tú vas a echarme una mano, ¿verdad?, si es que tú eres de la familia, eres como mi cuñada, no quiero que Magdalena se me enfade pero tú eres casi más cuñada mía que ella, figúrate, siempre que te veo digo ahí está mi cuñada Reglita, es como si estuvieras todo el tiempo a punto de casarte con el pobre Ricardo, como si vinieras a probarte el traje de novia, mira qué bonito, así que ¿en qué mejores manos que las tuyas puedo yo dejar a Carmen Lebert?, no me digas que no es un honor, y además seguro que mañana nuestra cuñada Magdalena tiene una atención contigo, ¿verdad que sí, Magdalena? La abuela, claro, dijo que sí, y Reglita, medio embarullada por el zalamerío de tía Victoria dijo que también, y así fue como se arregló el desavío que había organizado Luisa, la enfermera de noche, al ponerse mala.

Cuando llegó de verdad la noche, sin embargo, a mí me pareció que aquella casa no era la misma. No podía dormirme, el olor del vino iba quedándose quieto conforme todo el mundo se marchaba a su cuarto a acostarse y a mí, de pronto, se me antojó que la casa había cambiado. Y la verdad es que no lo pensé hasta que no me di cuenta de que toda la casa se había quedado a oscuras. Antes, ni se me había ocurrido. Las visitas de la abuela se fueron marchando como todas las tardes, después de que la abuela sirviera la copita de moscatel y llamara a la Mary para que retirara el servicio de café y fuera ya preparando las cosas para la cena. Ese día, como se había hecho un poquito tarde, porque la tertulia se animó mucho con la llegada de tía Victoria y se alargó más de la cuenta, todas las señoras salieron del gabinete por la galería, que era el camino más corto, menos Reglita Martínez que entró en mi cuarto, sin poder disimular lo nerviosa que estaba, para contarme que aquella noche se quedaba a dormir allí. Y fue luego, cuando se hizo oscuro, y al acordarme de que Reglita estaba en la alcoba de la bisabuela Carmen, cuando pensé que la casa ya no era la misma. Que con todos aquellos jaleos y con el olor del vino por todas partes en la casa habían entrado desconocidos y aprovechaban la noche para ponerlo todo manga por hombro, aunque no hacían ruido porque se movían como fantasmas. Bueno, un poco de ruido no tenían más remedio que hacer. Escuchaba yo como un murmullo que iba acercándose poco a poco a mi cuarto, por la galería, por la habitación de tía Blanca en la que ya no dormía nadie, por el gabinete, por el cuarto de baño, pero se paraba de pronto y se hacía un silencio que daba miedo. Yo me acordé del que se hizo una vez, en clase, cuando el hermano Gerardo nos pidió a todos que cerrásemos los ojos y aguantáramos la respiración para que comprendiéramos lo que se sentía cuando a uno lo enterraban vivo, que fue lo que hicieron con san Celedonio o no sé qué otro santo. Al poco rato el ruido se escuchaba de nuevo, pero lejos, a mí me parecía que en la azotea a la que daba el dormitorio de tía Victoria, o subiendo las escaleras del tercer piso, como si algunos de aquellos desconocidos también quisieran hacerle una visita a la bisabuela Carmen, claro que a saber con qué intención, o en el palomar, junto a la puerta del cuarto de la Mary, aunque por allí arriba a lo mejor las únicas que andaban eran las almas del purgatorio de nuestros parientes, quejándose sin parar porque la familia no decía misas por ellos. Y a mí también se me ocurrió que, si los ruidos no se escuchaban un poco mejor, la culpa lo mismo era del olor del vino, tan mazacote como una papilla, y que los pasos de los desconocidos se los tragaba aquel olor, como cuando, en la playa, uno anda descalzo por la arena. Y de pronto se me ocurrió que yo tenía que saber lo que estaba pasando, tenía que enterarme, aunque sólo fuera para avisar al abuelo y a Manolo el chófer, porque lo mismo yo era el único de la familia que estaba despierto porque a todos les habían echado algún narcótico en el caldo de la cena, aprovechando cualquier descuido de la Mary. Y por eso me levanté. Muy despacio, procurando que el somier no hiciera ruido. Intentando ver algo en medio de la oscuridad. Sin acordarme de la destemplanza que había tenido durante toda la tarde. Sin ponerme las babuchas, porque tenía la mala costumbre de arrastrar los pies con las babuchas puestas y podían descubrirme en seguida.

Fui tan despacio hasta la puerta que daba a la galería que era como si alguien me estuviera agarrando por el pijama. Pero no di ningún tropezón, y cuando llegué la puerta estaba abierta, y eso que mi abuela siempre le advertía a la Mary que de noche la cerrara bien porque por allí, hasta en pleno verano, podía entrar una corriente muy traicionera. En la galería el olor del vino era todavía más fuerte y más espeso y me costaba trabajo moverme, como cuando uno anda dentro del agua. No se veía nada, pero en seguida adiviné que había alguien cerca de la puerta del comedor. Me paré y me puse a escuchar, y era como si un niño chico estuviera lloriqueando. A lo mejor era una trampa, pero yo quería a toda costa saber lo que pasaba y me encogí y me fui acercando muy despacio, como los perros que llevábamos cuando iba con mi padre y Eligio Nieto a los eucaliptos de La Jara, a cazar tórtolas. Y de repente vi que quien estaba allí, junto a la puerta del comedor, sentada en el suelo, quejándose pero sin moverse, como si se hubiera quedado dormida pidiendo socorro, era la tata Caridad. Yo no le vi las piernas, así que a lo mejor era verdad que le desaparecían cuando menos se lo esperaba y se caía de culo pegándose un jardazo horroroso, porque además no podía agarrarse a ningún sitio, que se le soltaban los brazos por menos de nada y así los llevaba de vendados, como una momia. Por lo visto aquella noche a la Mary no le había salido de los tirabuzones del zepelín cargar con la tata Caridad y llevársela a su cuarto y la había dejado allí, en el corredor, como un desperdicio. O a lo mejor a la tata Caridad le habían desaparecido las piernas cuando iba camino de la cocina para prepararle el almuerzo a tío Ricardo, que tenía aquellas horas tan rarísimas de comer, y se había dado el zarpajazo sin que nadie pudiera ayudarle. Yo pasé por su lado y ella ni se movió, y entonces me pareció oír a alguien cuchicheando al otro lado de la galería, donde estaba el oratorio. Y no sé si el olor del vino se había ido aflojando, pero podía moverme mejor y andar más deprisa, como si hasta aquel momento hubiera estado amarrado a un poste pero ya me fuera desatando poco a poco. Antes de llegar al oratorio me volvió a entrar el miedo, porque en aquella habitación tan pequeña sí que no había ni una gota de luz ni una rendija para la ventilación, aquella noche no estaba ni la lamparilla de la capillita de la Milagrosa, que en casa de mis abuelos sólo tocaba tenerla los fines de semana, y a mí me entró de pronto la obcecación —que era algo que a la Mary, según ella, le entraba muchísimo— de que allí dentro había desconocidos hablando en susurros, como si estuvieran confesándose. Durante todo el verano, el padre Vicente no había ido a confesarnos porque estaba de viaje y a la abuela y a la tía Blanca no les gustaba nada que otro capuchino, y mucho menos cualquier otro cura, empezara a meterse en casa y a coger confianzas y prerrogativas, que era una palabra que a tía Blanca le encantaba decir, de modo que todos los sábados se iban a la parroquia a confesarse y a mí me decían que rezase un padrenuestro, porque seguro que mis pecados eran todos veniales. Yo la verdad es que no estaba seguro, pero me daba un achare espantoso decir que quería ir a la parroquia a confesarme y que todo el mundo supiera que a lo mejor estaba en pecado mortal. A mí me asustaba pensar que en el oratorio, ya que no había quien lo ventilase como Dios manda, estaban los pecados mortales de toda mi familia y andaban retorciéndose allí como ponía en el catecismo que se retorcían los réprobos en el infierno —yo el catecismo me lo sabía de memoria. Claro que a lo mejor, pensé, también había un cura que iba a las tantas de la noche a confesar a tío Ricardo, porque tío Ricardo sí que tenía prerrogativas con el cuento de lo trastornado que estaba. Pero no era verdad. No había nadie en el oratorio. Yo estaba con el corazón encogido, pero me atreví a dar un paso dentro de la habitación, sólo uno, y el cuchicheo seguía, o al menos eso me parecía a mí, pero no salía de ninguna parte, sonaba más fuerte o más bajito, frente a mí o a los lados o arriba o a mis espaldas sin que nada se moviera, y me di cuenta de que eran susurros que estaban sueltos y volando como pitijopos cuando hay levante, y a lo mejor eran las confesiones de todos los de la casa que se habían ido amontonando allí dentro y por el día estaban quietecitas y calladas, pero de noche les entraba la piquina y se ponían

(muy española)

a zascandilear. Cerré los ojos y, aunque me dio un poquito de vértigo, sonreí, me sentía bien, y me imaginé que las confesiones de mi familia se me posaban en la cabeza y en los hombros como si fueran palomillas de la luz, que se atolondraban en un sitio tan oscuro. De no ser porque de pronto escuché unos pasos de verdad, en el corredor, detrás de mí, estoy seguro de que me hubiera dado un éxtasis.

Y supe que aquellos pasos eran de verdad porque pisaban los baldosines que estaban sueltos en el suelo de la galería y un espíritu, claro, no hace eso. Vi que alguien, como una aparición, iba camino del descansillo de la escalera. Sólo era un bulto oscuro, pero cuando pasó por mi lado dijo ojú qué lío, ojú qué lío. Era tío Ricardo. Me fui detrás de él porque a lo mejor hacía cosas que ni la abuela, ni tía Blanca, ni la Mary sabían, y yo iba a verlo con mis propios ojos. Tío Ricardo iba a lo suyo, cavilando sus cosas, y a lo mejor estaba hecho un lío porque la tata Caridad, que andaba tirada en medio del pasillo como una canasta vieja, no le había puesto el almuerzo a su hora y así, como es natural, no hay forma de organizarse. Otra cosa que seguro que lo tenía sin saber por dónde se andaba era el olor del vino, sobre todo si no sabía que el abuelo había mandado abrir la bodega para poder encalarla. El andaba como un penitente, como si aquel olor fuera una cadena enganchada al tobillo. Se metió por la puerta que llevaba al cuarto de baño grande, a los lavaderos y a la azotea de detrás. A aquella azotea era a la que daba el dormitorio de tía Victoria, y por aquella parte de la casa no estaba tan oscuro, se veía la luna como un gajo de limón y el olor del vino no se notaba tanto. Me acordé otra vez de cuando mi padre y Eligio Nieto me llevaban de cacería y llegábamos a los puestos muy temprano, todavía de noche, y esperábamos casi sin hablar a que entrasen las tórtolas, con los perros olisqueándolo todo con mucho cuidado, y cuando entraba la primera tórtola y mi padre o Eligio disparaba y el pájaro caía lejos, entre la retama, yo corría con los perros a recogerlo, y si la tórtola, aunque chorreara sangre, estaba viva, yo no quería que la cogiesen los perros, y cuando llegaba al puesto con la tórtola tiritando en mis manos y mi padre o Eligio decían tírala fuerte contra el suelo, así el animalito deja de sufrir, yo no era capaz y tenían que hacerlo ellos, uno de los dos, el que fuera, y a mí se me saltaban las lágrimas y se me ponía la piel de gallina y Eligio siempre decía este niño, Felipe, te está saliendo rarito, me parece a mí. Rarito, a lo mejor, como tío Ricardo. Y a punto estuve de echarlo todo a perder, porque, por culpa de la distracción, no me di cuenta de que tío Ricardo se paraba en seco al salir a la azotea y se quedaba mirando, como un perro de caza, a alguien que había, echado en una tumbona, frente a la puerta del dormitorio de tía Victoria. Por poco tropiezo con tío Ricardo, pero él ni lo notó. Estaba embobado. En la tumbona, en cueros vivos, con todos los músculos brillando como la carrocería del Hispano del abuelo cuando a Manolo el chófer le daba por esmerarse, Luiyi se había quedado dormido de cara a la luna y con esa postura que tienen las señoras cuando toman el sol, como si con la luna también uno pudiera broncearse. A Luiyi no se le veía el perejil, como decía la Mary, porque se lo tapaba una revista, y eso que la revista, que no parecía de las que veíamos con tía Victoria, no era más grande que un libro corriente; la Mary siempre había dicho que a ella Luiyi le parecía de los de mucho envoltorio y poquito perejil. A mí me hubiera gustado un montón acercarme a ver qué revista era aquélla, pero tío Ricardo de pronto dio media vuelta y tuve que irme detrás de él.

Por la casa, el olor del vino era como una señora

gorda atrancada en una butaca de la que no podía levantarse. Y el calor daba fatiga. Tío Ricardo abrió el portón del principal, empezó a subir la escalera y yo me dije: o va al cuarto de la Mary, o va al dormitorio de la bisabuela Carmen. Claro que también podía ir al mirador, a hacer tertulia con las ánimas del purgatorio. Pero no. Subió algunos escalones de los que llevaban al palomar, pero se quedó parado en el tercero. Desde allí, y desde donde yo estaba, se escuchaban risas en el cuarto de la Mary. Luego, tío Ricardo bajó los escalones, muy despacio, pasó por mi lado sin darse cuenta de que yo estaba allí, sin dejar de repetir como una letanía ojú qué lío, ojú qué lío, y se fue para la alcoba de la bisabuela Carmen, aunque yo pensé que no llegaría nunca.

La puerta estaba medio abierta. Tío Ricardo la fue empujando poco a poco, procurando no hacer ni pizca de ruido. Cuando, desde el pasillo, ya se podía ver toda la habitación, a mí me pareció que a tío Ricardo le daba de pronto como un sobresalto. Empezó a temblarle todo. En la alcoba de la bisabuela Carmen siempre dejaban una luz encendida encima de la cómoda, y tía Victoria decía que menos mal, que así se sentía ella mucho más tranquila. Se veía muy bien a Reglita Martínez, sentada en la mecedora, dormida como una alpargata. Tenía las manos cruzadas sobre el estómago, la boca abierta y parecía una lambreta por la manera de roncar. Seguro que tío Ricardo no se esperaba encontrarla allí. Y seguro que por eso se puso tan nervioso. Porque a lo mejor llevaba años esperando que pasara algo por el estilo, queriendo entrar en el dormitorio de la bisabuela Carmen, pero siempre se encontraba a la señorita Adoración, o a Luisa, la enfermera de noche, que no dormía nunca. Ahora, Reglita Martínez estaba estroncada. Por eso tío Ricardo pudo entrar en la alcoba. Y parecía que estaba metiéndose en un pantano, como en una película de Gary Cooper que nos echaron en el colegio. Se lo pensaba un montón antes de dar un paso. Hasta que fue cogiendo confianza. La bisabuela Carmen seguía con su cantinela llena de bandoleros, con sus respingos de cigarrón, y de vez en cuando tosía con aquella tos que le dio la tarde en que tía Victoria abrió la ventana que daba al patinillo. Tío Ricardo pasó junto a Reglita Martínez y sólo se paró un momento. La miró como a mí me miraba Antonia cuando por fin daba conmigo, después de buscarme por toda la playa. Y le acercó una mano llena de temblequeos a la cara, y yo creí que iba a acariciarla, pero no llegó ni a tocarla. Luego, se acercó a la cabecera de la bisabuela Carmen y se la quedó mirando como si no pudiera reconocerla. Como si no supiera qué hacer. Hasta que puso las dos manos encima de la cama, y se fue arrodillando muy despacio, y puso la cabeza entre las manos, casi pegada a la cara de la bisabuela Carmen. Y pasó tanto tiempo sin que ocurriese nada que yo pensé que lo mejor era que me volviese a mi cuarto, porque a lo mejor estaba a punto de amanecer. A lo mejor llegaba Loli en cualquier momento. Pero la bisabuela Carmen, de pronto, se calló. Y luego tosió un poquito. Y de repente empezó a mover una mano, la derecha, y se la iba acercando a tío Ricardo de una manera muy dificultosa. Y tío Ricardo no se movía. Y yo noté que algo sí que se movía junto a mis piernas y empezaba a darme lengüetazos en los pies descalzos. Y era Garibaldi, el perro de tía Victoria, y lo cogí para que no entrase en la habitación y para que no se pusiera a ladrar. Y Reglita Martínez dormía tan ricamente. Y la mano de la bisabuela Carmen tocaba ya la cabeza de tío Ricardo, y yo vi que se la acariciaba.

Gloria bendita

Según el nuevo médico —un hijo de Sudor Medinilla, un muchacho muy peripuesto y que por lo visto valía una barbaridad— lo que tenía la bisabuela Carmen era una parálisis espontánea. Al hijo de Sudor no le cabía la menor duda. A la Mary y a mí, sin embargo, aquello de la parálisis espontánea nos parecía una cosa rarísima, por más que lo de la parálisis estuviera muy claro —la Mary me dijo, picha, una parálisis es un paralís, y eso sí que lo tenía la bisabuela Carmen, la verdad—, pero lo de espontánea no había quien lo entendiera. Sabíamos que un espontáneo es un maletilla muerto de hambre —la Mary decía muertojambre, que sonaba peor—, un desgraciado que se tira sin permiso a la plaza para ver si borda unos cuantos pases y lo ve un empresario y triunfa. Lo que no comprendíamos era qué tenía que ver un paralís con eso. Pero lo había dicho el hijo de Sudor, que era una eminencia, según tía Blanca, y la prueba estaba en que su madre, que algo de dinerito debió de coger de la herencia de un tío riquísimo y solterón que se le había muerto en Madrid, le acababa de abrir la consulta y le iba estupendamente, le quitaba a puñados los enfermos a José Joaquín García Vela. Eso sí, tía Blanca lo que no se explicaba era que le hubiese salido un niño tan listísimo a la pobre Sudor, que siempre había sido tan bobalicona y, encima, más cursi que un roquete. Obras misteriosas de Dios Nuestro Señor.

Otra cosa que dijo aquel médico tan joven y tan moderno, fue que a la bisabuela Carmen no tenía por qué hacerle daño el que tía Victoria, la Mary y yo nos fuéramos a su cuarto a ver revistas y a animarle un poco el tiempo de vida que le quedase, que lo mismo era nada y en cualquier momento se nos moría sin que se diera cuenta ni ella ni nadie, como un pajarito, que se encasquillaba sin empeorar ni mejorar y duraba más que el pentecostés. El hijo de Sudor le explicó a tía Victoria, y tía Victoria nos lo eplicó a nosotros, que la parálisis de la bisabuela Carmen carecía, de acuerdo con la ciencia, de raíz congénita, traumática o morbosa, lo que no dejaba de ser un alivio. Yo me aprendí la frase de carrerilla y la verdad es que sonaba la mar de bien, pero me imaginaba que tener a alguien en la familia con cualquier cosa congénita, traumática o morbosa tenía que ser un drama. Lo de tío Ricardo era sólo que estaba un poco majareta. Y lo de la bisabuela Carmen, según lo que el hijo de Sudor le había explicoteado a tía Victoria, era que la parálisis no se debía, por ejemplo, a una embolia, ni a un mal golpe en la rabadilla, ni a un sofocón gordísimo y engatillado, ni siquiera a un efecto secundario del alcoholismo. Eran solamente los años. Y eso quería decir que la bisabuela Carmen tenía una parálisis espontánea.

En la familia, todo el mundo andaba embobado con las explicaciones del hijo de Sudor Medinilla, y tía Victoria también hacía muchos gloriamundis de admiración, pero era porque nos convenía para seguir viendo revistas junto a la cama de la bisabuela y para que ella, tía Victoria, matase dos pájaros de un tiro: cumplía con la obligación que se había empeñado en echarse encima de cuidar a la bisabuela y, a la vez, se lo pasaba la mar de bien contándonos sus buenos tiempos. Pero tía Victoria había viajado mucho, había tratado con toda clase de sabios, y el que no le gustara que sus novios tuvieran opiniones, porque era una pesadez, no quería decir que ella no tuviese las suyas.

—Este niño será una eminencia —nos dijo a la Mary y a mí en cuanto salió del cuarto el hijo de Sudor, que iba cada dos días a ver a la bisabuela para que la familia estuviese tranquila—, pero en ésta me parece a mí que no ha atinado. Yo estoy segura de que lo que mi madre tiene es una parálisis sicosomática.

La Mary y yo nos quedamos estupefactos; la tía Blanca se quedaba estupefacta cada dos por tres y no ocurría ninguna catástrofe, así que nosotros no íbamos a ser menos. Y lo de sicosomática, de todas maneras, sonaba fatal, parecía una enfermedad de las misiones. Pero tía Victoria dijo que ni hablar, que no fuéramos ignorantes, que era una forma modernísima de ponerse mala y ella lo había aprendido en Bariloche. Lo más moderno y lo más elegante era estar sicosomática perdida.

—Pues yo no es por calumniar —dijo la Mary—, pero a lo mejor lo de doña Carmen algo sí que tiene que ver con el vino. Las cosas como son.

Ahora la que se quedó estupefacta fue tía Victoria. Hasta se le abrió la boca como si no pudiera creerlo y, cuando se recuperó, puso a la Mary como un trapo: que valiente falta de respeto, que de dónde había sacado ella aquel infundio, que si era ésa la manera de pagar la confianza que toda la familia le estaba dando, y que no se lo volviera a escuchar porque la ponía sin contemplaciones de patitas en la calle. La Mary no se inmutó mucho —la tía Blanca o se quedaba estupefacta o no se inmutaba lo más mínimo, siempre que se enteraba de algo que le llamaba la atención decía que le pasaba una de las dos cosas—, sólo hizo una morisqueta que quería decir como si no lo supiera todo el mundo. Hasta yo lo sabía. Una vez le oí decir a mi madre, con mucha guasa, que antes la bisabuela Carmen se ajumaba un poquito por menos de nada, aunque ella le echaba la culpa a la tensión, pero que lo aguantaba como una señora, en su cama, echando una siestecita, y sin efectos secundarios, como había dicho el hijo de Sudor Medinilla, faltaría más. No venía a cuento que tía Victoria se anduviera con pamemas y se hiciera doña escandalizada.

La bisabuela Carmen, en cualquier caso, seguía como siempre, tal y como yo la había visto la primera vez que entré en su habitación aquel verano, con su cantinela de bandoleros de Sierra Morena, sus respingos de coquina con sarampión —ésa era otra irreverencia que había dicho la Mary—, su color de choco atragantado, su desgracia de no poder mover ni un dedo y aquella manera de mirar a ninguna parte, como si la parálisis le hubiera llegado ya a la niña de los ojos. Yo no le había contado a nadie lo que había visto la noche en que había seguido a tío Ricardo por toda la casa; primero, para que no me regañasen por haberme levantado teniendo como tenía aquellos mareos y aquella destemplanza y por espiar las cosas de los mayores, y segundo porque de pronto, por la mañana, me había dado por pensar que a lo mejor lo que había visto no era verdad, que me lo había imaginado o lo había soñado. Y aunque fuera verdad —que, pensándolo bien, a mí me parecía que lo era—, seguro que lo contaba y nadie me creía.

Lo que sí estuve a punto de contarle a la Mary fue que había visto en cueros vivos a Luiyi, echado en la tumbona, haciendo la majaretada de querer ponerse moreno con la luz de la luna, y que ella tenía razón, yo también calculaba que Luiyi tenía poquísimo perejil. Y es que la Mary me dijo que Luiyi y tía Victoria se estaban ahora peleando casi todo el tiempo, y que era por culpa de la sortija, eso fijo, si le juraba por mis muertos no decir nada me contaba todo lo que había escuchado. Se lo juré —ojalá la bisabuela Carmen durase más que el pentecostés, porque si se moría a lo mejor me daba miedo jurar y me quedaba a dos velas de todo lo que sabía la Mary en secreto—, y ella me contó que Luiyi quería la sortija para venderla. La Mary lo había escuchado de su propia boca. Tía Victoria y Luiyi estaban liados en un pancracio, diciéndose de todo, cuando la Mary pasó por la azotea y, claro, se quedó a escuchar, aunque para disimular hacía como que despeluchaba los geranios plantados en macetas que la abuela colgaba en la pared, y entonces fue cuando escuchó a Luiyi decir con lo que vale esa sortija seguro que teníamos para pasar un mes en San Sebastián. A saber lo que se le habrá perdido al mamotreto ése en San Sebastián, dijo la Mary. También había dicho Luiyi que, si no se iban a San Sebastián, por lo menos él podría comprarse ropa nueva, que llevaba con los mismos cuatro pingajos desde las Navidades. A lo mejor por eso se pasaba el día entero en taparrabos y, por la noche, en cueros vivos, para no desgastar más la poca ropa que tenía. Entonces fue cuando estuve a punto de decirle a la Mary lo que yo había visto la noche en que seguí a tío Ricardo, pero me acordé de pronto de que también había escuchado risas raras en el cuarto de la Mary y a lo mejor a ella no le gustaba que yo lo supiera.

De todos modos, estaba claro que en casa de mis abuelos, durante la noche, todo el mundo hacía extravagancias, incluida la bisabuela Carmen a pesar de su condición. Allí seguía, hecha un pitraco, sin sentir ni padecer, como decía todo el mundo, y sin embargo también ella tenía su secreto. Por lo visto, la única que por la noche no hacía nada especial era tía Victoria, la Mary me había dicho que se atiborraba de pastillas para poder dormir. Menos mal que, mientras estaba en el pueblo, no tenía que ir a ningún baile del Aga Khan, porque se hubiera quedado frita en medio de un minué. Desde luego, o tía Victoria estaba pasando una racha fatal, o lo que a mí me habían contado de ella era todo mentira.

Y eso que mentira del todo no podía ser, porque allí estaban las revistas a disposición de quien quisiera verlas. Y a lo mejor por eso tía Victoria, a los tres o cuatro días de ensayar los versos de Federico a todas horas, decidió que cada cosa a su debido tiempo, y volvimos a la habitación de la bisabuela Carmen, con las sillitas y el velador, a ver los magazines. Me dijo la Mary que era la única forma que tía Victoria tenía de seguir meneando el pericón.

—¡Aquí está el príncipe Michovsky! —dijo tía Victoria, y se puso tan contenta que parecía que aquel príncipe tan fenomenal venía subiendo por la Cuesta Belén.

Y la verdad es que el príncipe Michovsky, que salía con tía Victoria en muchas fotos del reportaje que había dado la revista *Paradiso* del baile del Aga Khan, era un señor imponente. Tenía una planta de cine. Era alto como un ciprés, iba siempre derecho pero no estirado, con la cabeza alta, los hombros rectos, la cintura metida, los andares de capitán de la guardia real. Era de pelo negro, ojos medio verdes y medio grises, dentadura perfecta, barbilla firme, pero no dura, y todo lo demás a juego con el conjunto. Un Charles Boyer, pero en más hombre.

Todo eso lo decía tía Victoria, claro, pero en las fotos se veía que era verdad.

—¡Nadie bailaba el vals como lo bailaba Micho! —nos dijo tía Victoria, y echó la cabeza un poquito para atrás y cerró los ojos con mucho embeleso (la palabra embeleso salía en una canción de Sarita Montiel y la Mary me había explicado, más o menos, lo que significaba), como si el príncipe le estuviera pidiendo un baile en aquel mismísimo momento.

Dijo tía Victoria, toda embelesada, que no hay nada como un vals con un hombre que sepa bailarlo.

—¡Es como flotar y bucear al mismo tiempo!

Y no se lo dije, pero la verdad es que yo para el vals era un desastre. Que se lo preguntara, si no, a mi prima Rocío. Porque si me lo preguntaba a mí, me iba a dar mucha vergüenza contárselo. Y es que mi prima Rocío había pasado con nosotros, en mi casa, el verano anterior, porque su madre, la tía Loreto, la mujer de tío Esteban, tenía que descansar en un sanatorio del norte, se lo había mandado un médico muy importante y muy caro de Madrid —la tía Loreto era madrileña y finísima; según mi madre, más fina que un telefonema—, y el tío Esteban se había ido a acompañarla hasta que se pusiera bien. Para mi madre —cuando estaba de mal humor—, mi prima Rocío era una sacabuche melindrosa y redicha, pero tía Blanca decía que había sacado toda la finura y todo el pedigrí de tía Loreto. Yo no sé cuál de las dos tendría razón, yo lo único que sé es que mi prima Rocío, tan remilgada, también estaba loca por el vals. Y quería enseñármelo a toda costa, me prometió que cuando fuéramos mayores íbamos a bailarlo juntos en un palacio como el de Sissi, que iba a quedarse todo el mundo con la boca abierta, que ella tenía ya hasta pensado el traje que iba a llevar y que yo de almirante —porque se le había metido en la bizcotela, como decía la Mary, que yo iría de almirante— estaría guapísimo. Y no voy a decir que no me gustase la idea, sobre todo al principio, aunque me daba coraje tener que vestirme de almirante a la fuerza, pero Rocío lo contaba todo tan bien que era como una película, y yo estaba dispuesto a poner todo de mi parte —aunque cuando le dije a Antonia que Rocío iba a enseñarme el vals ella le dijo, niña, no seas cochambrosa, que eres muy chica tú para empezar ya con cochinadas—, y hasta soñaba con bailarlo en un salón precioso, aunque la verdad es que a veces me hacía un lío, porque soñaba que el que iba con un vestido como el de Sissi era yo, ¿y qué culpa tiene uno de lo que sueña? Además, entre un vestido de Sissi y un uniforme de almirante, por bonito que fuera el uniforme, no había ni comparación. Y mi prima Rocío sería todo lo fina y todo lo sabionda que quisiera, pero era un poco gallareta —en eso también había salido a tía Loreto, según mi madre—, y una cosa mala de patosa, porque puede parecer mentira, pero a la hora de la verdad, a la hora de enseñarme el vals, aquello no salía ni a la de tres, éramos más torpes que la Candelaria —que encendió una vela y se quemó el chumino; la tal Candelaria, por lo visto, era vecina de la Mary, por la de veces que la nombraba—, y andábamos todo el rato dando trompicones el uno con el otro, hasta que un día apareció mi madre mientras ensayábamos y dijo, niño, ¿pero qué haces?, y yo creí que estábamos cometiendo un pecado y que me iba a reñir, pero mi madre tenía mucha prisa porque iba a casa de las Caballero y sólo me dijo ay qué pato tienes, hijo mío, ¿no ves que estás llevando el paso también como las mujeres? Casi me muero de vergüenza, pero así era como me estaba enseñando Rocío. Luego, Antonia se chufleaba de mí y decía que lo que a mí me pasaba era que tenía dos pies izquierdos, y primero pensé que a lo mejor era verdad y, después, por las cosas que me imaginaba, que a lo mejor por eso tenía la desgracia de cojear un poco.

Tía Victoria seguía embelesadísima, de manera que la Mary y yo, mientras tanto, íbamos pasando las páginas de las revistas al tuntún, mirando las fotos. A mí, las que más me gustaban eran las de las modelos que salían desfilando en París, todas con unas fachas estupendas, con unos figurines de ensueño, con cutis de porcelana. Yo me quedaba embobado mirándolas. Y eso que la Mary me dijo que muchas de ellas no eran ni siquiera de buena familia, que eran niñatas corrientes o menos que corrientes, pero que habían salido finitas y dispuestas.

—Si tú en vez de haber salido niño hubieras salido niña —me dijo la Mary—, con esa cara tan preciosa que tienes y con el tipazo que vas a tener, habrías podido ser una modelo de campeonato.

A mí también me gustaban mucho las misses, a todas les regalaban un viaje alrededor del mundo y un vestuario escogidísimo. Y los reportajes más aburridos, sobre todo si tía Victoria estaba embelesada y no podía comentarlos, eran los de los conciertos, las cenas benéficas llenas de carcamales de medio pelo, las procesiones y, por mucho que tía Victoria los quisiera adornar, los recitales, incluidos los suyos. Así que, aprovechando el embeleso de tía Victoria por culpa del príncipe Michovsky, la Mary y yo nos saltábamos todo eso y buscábamos las revistas en las que salían artistas, princesas, modelos y misses. Por lo menos, pasábamos el tiempo tan ricamente.

Pero, de pronto, la Mary pegó un grito tan fuerte que casi me da un síncope. Chilló de verdad. Y con un dedo más tieso que el alcalde en la procesión del Corpus, señalaba una revista que ella misma había abierto, casi sin darse cuenta, de par en par. Una revista que seguro que tía Victoria no sabía que estaba allí. Una revista, sin embargo, que yo reconocí en seguida. Era la que Luiyi tenía encima del perejil, la noche que yo le vi echado en una tumbona en cueros vivos.

La revista se llamaba *Adonis* y estaba llena de muchachos con tantos músculos como Luiyi, y todos estaban con el perejil al aire, todos en pelota picada. En algunas fotografías, salían dos o tres haciéndose cucamonas, y tía Victoria, cuando salió de su embeleso por culpa de los gritos de la Mary —que no eran gritos de susto, sino de nerviosismo—, abrió tanto los ojos que parecía que se le iban a desencajar y soltó un montón de carcajadas medio histéricas. La bisabuela Carmen también chillaba por su cuenta, como si ella no quisiera perderse el espectáculo. Tía Victoria gritó:

—¡Luiyi! —y se notaba que quería estar enfadadísima, pero la risa se le escapaba hasta por las orejas.

Luego, sin parar de reírse, dijo que cómo iba ella a figurarse que el mariconazo de Luiyi tuviera semejantes porquerías, que con qué clase de hombre había estado ella despachando, que inmediatamente iba a ponerlo en la soberana calle. Tía Victoria, con aquel ataque de risa, parecía una mujer del Barrio Bajo, dándose palmotazos en los muslos y todo.

Y cuando tía Victoria se fue, llamando a gritos a Luiyi para despacharlo a Badajoz, diciéndole mariconazo a voces por la galería, la Mary cogió la revista, la miró y remiró de punta a punta, me dijo que yo no tenía edad para ver aquello, pero que la bisabuela Carmen sí, que por qué no, que con aquellos pedazos de gachós se le pasaba a cualquiera la obcecación con los bandoleros, y enfiló la cama sin pensárselo dos veces y le plantó la revista a la bisabuela Carmen, con tantísimo músculo y perejil, a una cuarta de la nariz. Y la bisabuela Carmen chilló. ¡Que si chilló! Y se puso a temblar, pero no de sofocación o descompostura. A mí me pareció que temblaba de contento. La boca le rebullía como la tapadera de una olla con puchero hirviendo. La nariz, tan afilada, parecía como si quisiera olerlo todo. Los ojos le pegaban chispazos como si acabaran de darles cuerda. Y de repente dejó de chillar, pero en seguida empezó a hacer ruidos raros con la garganta, como una cañería cuando vuelve el agua después de un corte en la general, y de pronto, y bien clarito, empezó a decir:

—Gloria bendita, gloria bendita...

De verdad. Decía eso. Gloria bendita.

La Mary también salió corriendo a avisar a todo el mundo y en un santiamén la alcoba se llenó de gente:

tía Victoria, la abuela y el abuelo, la tata Caridad que iba de un lado para otro a la pata coja, Manolo el chófer, el hijo de Sudor Medinilla, que dijo que aquello era un fonomotriz espontáneo —lo tuvo que repetir un montón de veces, porque todo el mundo, uno detrás de otro, fue preguntando ¿un qué?—, y don Anselmo, el párroco de la Merced, a quien hubo que llamar porque el padre Vicente seguía de viaje.

La Mary había escondido en su cuarto la revista y ni ella ni yo dijimos lo que había pasado.

La Mary me dijo, por lo bajo:

—Qué joío el Luiyi. Con uno de ésos sí que bailaba yo un vals.

Y la bisabuela Carmen no se cansaba de repetir:

—Gloria bendita, gloria bendita...

Don Anselmo, el párroco de la Merced, dijo que la bisabuela Carmen tenía ya un pie en el paraíso.

Sabor a él

La bisabuela Carmen murió al día siguiente, a la hora del almuerzo, de manera que todo el mundo se quedó en ayunas y aquello fue un desbarajuste. Cuando la Mary iba con la sopera por el pasillo, apareció Loli, la enfermera de mañana, echando tanto jumo como la sopa, y se metió en el comedor sin pedir permiso ni nada y dijo: La señora ha pasado a mejor vida. Todo el mundo salió corriendo para el dormitorio de la bisabuela Carmen y el almuerzo se quedó empantanado.

Yo no podía imaginarme que, cuando alguien se muere, se arma tantísimo tiberio. A mí me mandaron a la cocina para que Paca, la cocinera, me diese algo de comer, pero Paca había salido juyendo, sin quitarse ni el delantal, en cuanto supo que había un difunto en la casa, porque ella para eso era muy supersticiosa. Es verdad que yo habría podido servirme por mi cuenta un poco de caldo y acedías que estaban recién fritas en una batea, pero no tenía hambre ninguna y pensé, además, que era la primera vez que se me moría alguien y eso merecía un poco de sacrificio. A Gordillo, uno de la clase, se le murió el padre en un accidente y el chiquillo estuvo tanto tiempo sin comer que hasta tuvieron que llevarlo a un hospital.

Pensé en meterme en mi cuarto y esperar a que todo el mundo se tranquilizara un poco, pero allí no se enteraba uno de nada y, además, me daba un poco de canguelo quedarme solo, para qué voy a decir que no. De modo que me senté, muy quieto y muy seriecito, en una de las sillas que había en el recibidor del principal, junto al arcón que tía Blanca quería llevarse a toda costa para su piso de Madre de Dios, y como por el recibidor tenía que pasar cualquiera que fuese para el cuarto de la bisabuela Carmen o que volviera de allí, poco a poco, y si nadie me mandaba que me quitase de en medio, me iría enterando de todo.

Llegaron, muy apurados, el tío Antonio y la tía Blanca y ellos ni me vieron. Pasaron después, a los cinco minutos, el abuelo y el tío Antonio hablando de que tenían que avisar a la funeraria y al cementerio, que de la parroquia se encargaban las mujeres, y que a saber lo que iban a encontrarse en el panteón familiar, con el barullo de parentela que habían ido enterrando allí. También dijo tío Antonio que él estaba muerto de hambre, porque la noticia le había pillado con la cruzcampo y las olivas del aperitivo y que a ver si paraban de camino en cualquier parte, a engañar un poco la gazuza. Al abuelo y a tío Antonio, aunque eran hijos de la bisabuela Carmen, no les iba a pasar como a Gordillo, que hasta tuvieron que ponerle el gotagota cuando se murió su padre, porque se quedó sin vitaminas.

Y yo me ponía a pensar que la bisabuela Carmen estaba en el piso de arriba de cuerpo presente, sin cuchichear, sin pegar respingos de cigarrón, sin su fonomotriz espontáneo, como decía el hijo de Sudor Medinilla, y sin oír ni ver nada, muerta del todo, y me entraba un escalofrío muy raro, porque no se parecía al que me entraba cuando me subía la fiebre, no se parecía a ninguno que yo hubiera tenido antes; por no parecerse, ni siquiera se parecía al escalofrío que me dio cuando el hermano Gerardo nos mandó que cerráramos los ojos y pusiéramos un pie debajo de la pata del pupitre y nos apoyáramos en el pupitre con todas nuestras fuerzas, para que comprendiéramos lo que podía ser el que a uno los herejes lo descuartizaran como a san Bartolomé. Yo en el pie me hice un desollón que no quise enseñarle a nadie para sufrir por los chinos de las misiones y que casi se me infesta, pero aquella tarde, en el recibidor, pensando que en el piso de arriba estaba la muerte, el escalofrío que me entró era como si el desollón me lo hubiera hecho por dentro. En el alma. Porque si el alma, como decía el hermano Gerardo, podía estar blanca, o sucia, o llena de pus, ¿por qué no podía tener desollones?

La que sí me vio en seguida, en cuanto entró en el recibidor, fue la Mary, claro. Me dijo:

—La van a amortajar con el hábito de la Milagrosa.

Y se fue corriendo al convento de la Divina Pastora, que estaba en la esquina del carril de San Diego, para ver si las monjas tenían un hábito disponible.

Y cuando sonó el portón y yo me di cuenta de que la Mary ya no estaba en casa, me entró un escalofrío todavía mayor, sentí de pronto que ya no había nadie en la casa que pudiera ayudarme, que todos los demás estaban demasiado ocupados con sus cosas, que hasta tía Victoria había decidido distraerse un poco con los preparativos del entierro —porque cuando echó a Luiyi era igual que una jareña sin miramientos, pero después le dio el bajonazo y el comecome y me dijo la Mary que tuvo que tomarse dos narcóticos con un vaso de leche para poder dormirse—, que allí nadie me quería como me quería la Mary. Si la Mary se hubiera muerto en vez de la bisabuela Carmen, seguro que yo no tenía ya ni una gota de vitaminas.

Pasaron tía Victoria y tía Blanca discutiendo por culpa de la mortaja que le iban a poner a la bisabuela Carmen, y tía Victoria decía que lo del hábito de la Milagrosa era una ocurrencia fatal, que a la bisabuela Carmen no le hubiera gustado ni un pelo, que ella hubiera pedido un traje como los de Amparito Rivelles en la duquesa de Benamejí, que seguro que había bandoleros donjuanes en la otra vida. Tía Blanca, indignadísima, le pedía a tía Victoria que no dijera esa clase de disparates, que cómo podía andarse con esas bromas estando su madre de cuerpo presente, y entonces tía Victoria sí que se enfarrucó y le dijo, niña, no seas tan revenía, ¿quién te ha dicho que estoy de broma?, por eso de que soy su hija hasta muerta quiero para ella lo mejor, y lo mejor es que la enterremos vestida de duquesa de Benamejí.

Tía Victoria ni siquiera bajó la escalera. La tía Blanca se fue a la parroquia para avisar a don Anselmo —y menos mal que don Anselmo había estado en la casa por la mañanita temprano, con el santo viático y la santa extremaunción, que yo oí desde mi cama la campanilla que iba tocando el monaguillo por el patio y la escalera y que sonaba tan fino que parecía que aquel repiqueteo podía cortarte como una cuchilla si te ponías en su camino—, para que rezara los responsos y dijera la misa de funeral, y para que diera permiso para poner en la esquela que la bisabuela Carmen había muerto confortada por los santos sacramentos y la bendición de su santidad. Tía Victoria volvió al dormitorio de la bisabuela Carmen y tampoco me vio esta vez al pasar por mi lado; a lo mejor me estaba pasando algo parecido a lo que le pasaba a la tata Caridad, que me estaba haciendo invisible.

Menos mal que en seguida volvió la Mary del convento de la Divina Pastora, con un hábito de la Milagrosa que estaba hecho una aljofifa —pero las monjas habían dicho que, como era para enterrarlo, qué más daba—, y ella me vio otra vez sin ninguna dificultad y hasta me preguntó que si había comido algo, porque ella desde luego estaba esmayada.

—Ahora mismo vuelvo —me dijo—, y nos vamos tú y yo a la cocina a ver lo que cae.

Yo le habría podido decir el menú: caldo de pollo y acedías fritas, que estarían frías pero no importaba, porque las acedías frías también están riquísimas. Yo estaba deseando poder decirle a la Mary cualquier cosa, y que ella me contara lo primero que se le ocurriera, que estuviera conmigo, que se echara encima de mí para hacerme cosquillas y ver si se me empinaba el alfajor, como decía ella, y que me enseñara picardías y me contara chistes verdes. Y a lo mejor todo aquello era pecado, pero la bisabuela Carmen estaba muerta y a mí me daba miedo que después de eso las cosas ya no fueran lo mismo.

La Mary tardó en volver —después me dijo que la entretuvieron con el traperío de la mortaja, porque tía Victoria de verdad que estaba empeñada en vestir a la bisabuela Carmen de duquesa de Benamejí, incluso había estado rebuscando en los baúles del mirador y había encontrado algunos vestidos del año de maricastaña que, según ella, le sentarían a la difunta divinamente—, y en cambio la que apareció fue mi madre vestida ya de negro de los pies a la cabeza, estaba guapísima y con una facha fenomenal, porque el negro hace más delgado a todo el mundo. Mi madre me dio un beso y me puso la mano en la frente y me dijo no deberías estar aquí, porque yo estaba sudando y podía enfriarme, aunque hacía un calor horroroso, pero con tanto trajín y todas las visitas que vendrían el portón de la escalera iba a estar todo el tiempo abierto y por poca corriente que se formara sería malísima para lo que tenía yo. A mi padre no lo vi, pero seguro que se quedó con los hombres en el escritorio y no se acordaría de que yo estaba, como había dicho José Joaquín García Vela, bien, pero convaleciente.

Antes de que volviera la Mary, escuché unos pasos por la galería y aguanté la respiración para ver si no estaba teniendo alucinaciones, porque parecían los pasos de un ladrón que estuviera moviéndose con mucho cuidado. Los pasos se pararon de pronto y yo me quedé mirando sin pestañear hacia la puerta por la que se pasaba desde la galería al recibidor, acobardado por no saber quién podía aparecer por allí. Claro que si lo hubiera pensado un poco lo habría adivinado en seguida, pero tenía un atolondramiento y una habilidad para ponerme en lo peor que no se me ocurrió lo más sencillo. Y hasta que no vi la cabeza de tío Ricardo asomándose como la de un pordiosero, no me acordé de él y no caí en la cuenta de que también era su madre la que se había muerto, y me acordé de lo que yo había visto aquella noche, cuando Reglita Martínez se quedó a cuidar a la bisabuela Carmen y se quedó frita, y entonces pensé que también la bisabuela Carmen, como el padre de Gordillo, tendría a alguien a quien, por la pena que tenía, a lo mejor llevaban a un hospital. Por eso volví la cabeza y la bajé y cerré los ojos y aguanté así hasta que calculé que tío Ricardo, con lo despacio que se movía, había cruzado el recibidor, figurándose que yo no me daba cuenta, y subía al tercer piso a esconderse por las habitaciones y esperar algún descuido de la familia, o un aburrimiento de todos, para poder entrar en el dormitorio de la bisabuela Carmen y darle un beso antes de que cerrasen la caja.

—Vámonos a la cocina —dijo la Mary—, que dentro de nada va a empezar el lililí.

Yo no la había sentido llegar, pero no sería porque se andaba con escrúpulos respetuosos, que no se le había puesto ni cara, ni voz, ni andares ni manoteo de Viernes Santos o de misa de difuntos. Ella, como siempre: una levantera. Seguía llevando en el brazo el hábito de la Milagrosa, y yo le pregunté, camino de la cocina, si tía Victoria por fin se había salido con la suya, pero no, la abuela había visto el hábito y le había parecido cochambroso y a la bisabuela Carmen la iban a amortajar, por fin, con un traje de alivio que la abuela ya no se ponía, aunque le sobrara mortaja por todas partes.

—Y ahora que no nos ve nadie nos vamos a hacer una tortilla de dos huevos —la Mary sabía que José Joaquín García Vela me los tenía prohibidos—, porque ya ves de lo que le ha servido a tu bisabuela privarse de sus gustos.

La Mary se refería a los noviazgos de la bisabuela Carmen con los bandoleros. Claro que la bisabuela Carmen se había muerto con noventa y cuatro años, y hasta última hora estuvo dando la tabarra con sus pretendientes de Sierra Morena, de forma que si se privó de algo que tanto le gustaba no fue por falta de tiempo ni por no insistir. Y morirse tiene que morirse todo el mundo; lo tonto era morirse pronto o en pecado mortal sólo por darse un capricho, que ya decía el hermano Gerardo que por un instante de placer podía achicharrarse uno por toda la eternidad. Un instante de placer, por lo visto, era como una tortilla de dos huevos: no tienes fuerza de voluntad para resistir la tentación, y luego pagas las consecuencias. A mí, de todos modos, la tortilla de dos huevos me supo a gloria.

—De lo que me alegro —dijo la Mary— es de que tu bisabuela se haya muerto con buen sabor de boca. ¿No te fijaste en que hasta le cambió la cara cuando empezó a decir aquello de gloria bendita, gloria bendita?

Yo siempre le había visto a la bisabuela Carmen la misma cara de regaliz mascado, pero no quise llevarle la contraria a la Mary, no se fuera a enfadar y me dejase otra vez solo.

—Los hombres dejan un gusto muy rico, picha. Fíjate cómo le volvió el sabor a tu bisabuela, y eso que estaba en artículo mortis, en cuanto les vio las carnes y el boniato a los bandidos de la revista. ¡Las carnes y los boniatos que recordaría ella de pronto!

Tal y como lo contaba la Mary, estaba claro que la bisabuela Carmen se había muerto en pecado mortal, por mucho viático y mucha extremaunción que le hubiera administrado don Anselmo a las ocho de la mañana. Yo eso sólo lo pensé, pero no lo dije porque me daba miedo que fuera verdad. Y además porque tía Blanca entró en aquel momento en la cocina y le dijo a la Mary que espabilara, que había que hacer café porque ya estaban llegando las visitas, que seguro que íbamos a tener una avalancha y ahora se iba a ver lo querida y lo respetada que había sido la bisabuela Carmen.

—Y tú vete a tu cuarto —me dijo tía Blanca—, que estas cosas no son para los niños.

Yo no sabía qué no era para los niños, si hacer café, si estar entre las personas mayores que venían de visita, o si pensar que la bisabuela Carmen estaba muerta.

También vino mi madre a la cocina, haciéndose la doñaordenada, y me dijo lo mismo, pero con peores modos y peores palabras, que me quitara de en medio porque no hacía sino estorbar. La Mary, a espaldas de tía Blanca y de mi madre, me hizo señales para que me fuera, que mejor si les hacía caso, porque en los duelos hasta los más cuajones acababan con los nervios de punta, o por lo menos eso fue lo que yo le entendí entre las morisquetas y los aspavientos que me hizo.

Me fui de mala gana. Por la galería, me encontré a algunas visitas que andaban curioseando por la casa, mirando los cuadros y los muebles con mucha atención, como si estuvieran cavilando qué se iba a llevar cada uno, como si con la muerte de la bisabuela Carmen aquella casa fuera a desbaratarse y todo el mundo pudiese coger lo que quisiera. Dos señoras estaban chismorreando delante de las fotografías de boda de mis padres y mis tíos, y a lo mejor echaban de menos a tío Ramón y se estarían preguntando ¿por dónde andará ese balarrasa? En el gabinete había ya muchas señoras y seguro que faltaban sillas, de mi cuarto habían desaparecido las dos que la abuela acababa de tapizar con una cretona muy alegre. Las sillas estaban una a cada lado del armario de luna donde la abuela guardaba las cosas de tío Ramón, y a mí me dio aprensión ver de pronto que no estaban, como si la muerte de la bisabuela Carmen hubiera empezado a comerse cosas por todas partes. Pensé que lo mejor que podía hacer era no mirar, y no escuchar a las visitas en el gabinete, y ponerme a remirar tebeos para ver si me olvidaba de que la bisabuela Carmen estaba muerta. Los tebeos los tenía ya vistos y revistos, pero cogí los de Roberto Alcázar y Pedrín porque eran los que más me gustaban.

Y entonces me acordé de tía Virginia Serrador, porque ella decía siempre que Roberto Alcázar era clavado a su difunto marido. Y me acordé de que tía Virginia Serrador estaba siempre canturreando una canción que se llamaba *Sabor a ti,* y cuando el trío Los Panchos la cantaba por la radio tía Virginia Serrador dejaba empantanada cualquier cosa que estuviera haciendo, aunque fuera lo más sagrado, y ella sí que se quedaba embelesada. Tía Virginia Serrador ni era tía nuestra ni nada, era la viuda del viudo de una prima segunda de mi padre, pero cuando se murió su marido la pobre se había quedado sin un real y a mi padre le dio lástima y le dijo a mi madre que por qué no la cogían de señorita de compañía para nosotros; fue la única vez que Manolín, Diego y yo tuvimos señorita de compañía, las otras veces lo que teníamos era niñera. Tía Virginia Serrador se mandó hacer unas tarjetas de visita en las que, debajo de su nombre y de su condición, viuda de Marmolejo, ponía «Institutriz», y ella en la casa no tocaba ni un plumero, su marido la tenía como una reina y le hubiera dado una privación si la hubiese visto haciendo faenas de criada, ella a su difunto no podía ofenderlo así. Nos llevaba al colegio, nos daba las comidas, nos ponía de punta en blanco para salir por la tarde de paseo a La Calzada. Y eso sí, canturreaba todo el tiempo *Sabor a ti.* Y me acordé de que ella decía lo mismo que la Mary, el gusto tan rico que deja un hombre, y que el gusto de su difunto lo tenía ella bien encajado, que no iba a cansarse nunca de saborearlo, y yo le pregunté que si no se le confundía nunca con el gusto de la comida o del café, y ella me dijo que si le prometía guardarle el secreto me confesaba una cosa. Yo le prometí que no le diría nada a nadie –palabrita del Niño Jesús–, y ella entonces abrió la boca, se señaló los dientes, sonrió como una contorsionista que estuviera a punto de ponerse los tobillos en la punta de la nariz, y en un periquete hizo algo que me dejó con la boca como un lebrillo: se sacó de un tirón toda la dentadura, que era postiza, y se la volvió a poner con la misma bulla, y sonrió otra vez, ahora como si acabara de salir sin un rasguño de un cajón que acababa de atravesar con espadas un mago de los de la feria, y me dijo: Era la dentadura postiza de mi esposo, y así es como si tuviera siempre su boca con la mía, así llevo siempre el sabor a él, aprende hijo mío lo que es el verdadero amor matrimonial. Mi padre no tenía dentadura postiza –se lo pregunté tantas veces a mi madre que ella acabó por mandarme que me callara de una vez, que le estaba dando hasta asco–, y entonces lo que tenían mi madre y mi padre a lo mejor ni era amor matrimonial ni nada parecido.

–Chiquillo, ¿qué te pasa?

La Mary se había escapado un momento y me encontró con la cabeza escondida debajo de la almohada, pero yo ni me había dado cuenta de que estaba así.

–Esto parece la novena de la Caridad –me dijo la Mary–. La casa se ha puesto de bote en bote. He hecho esta tarde más cafés que el Bar Correos.

Pero, por lo visto, las visitas ya habían empezado a desfilar y dentro de nada se quedaría sola la familia velando a la bisabuela Carmen.

—No te vayas a dormir —me advirtió la Mary— que en seguida te traigo la cena.

No tenía ganas de cenar, pero seguro que la Mary no me perdonaba la cena completa, con los dos platos y el postre. Con tanto jaleo, tampoco había merendado, y sin embargo era como si estuviese empachado y me costara trabajo hacer la digestión.

Reglita Martínez, por aquello de que era como de la familia, que ya se lo había dicho tía Victoria, entró a darme un beso y hasta me dio el pésame, me dijo con mucha solemnidad te acompaño en el sentimiento, hijo mío. Fue la única que lo hizo. Cuando se murió la bisabuela Carmen nadie más me acompañó en el sentimiento, ni siquiera la señora que entró con Reglita Martínez en mi dormitorio y a la que yo sólo conocía de vista.

Mientras Reglita Martínez me besuqueaba y se empeñaba en arroparme con la sábana como si quisiera asfixiarme, la otra señora fue pasando revista a todo el cuarto, y pasó la mano con mucha suavidad por encima de la cómoda, y hasta descolgó un cuadro para mirarlo por la parte de atrás, y se metió en el cuarto de baño y estuvo allí como media hora mientras Reglita Martínez me decía que menos mal que no se había muerto la bisabuela Carmen mientras ella estaba cuidándola, que ella seguramente no hubiera podido resistirlo.

Cuando la otra señora salió del cuarto de baño, tirándose de la faja, se quejó de que ya era tardísimo, pero ella se puso otra vez a curiosear todos los cuadros y las cortinas y el jarrón de cristal que la abuela tenía, siempre lleno de jazmines frescos, encima de la cómoda. La señora metomentodo dijo éste era el cuarto de Ramoncito, ¿verdad?, ¿y qué se sabe de él?

—Seguro que está en un crucero con lo mejor de la alta sociedad —dijo Reglita Martínez.

Por suerte, la Mary apareció en aquel momento con mi cena y dijo, con toda frescura, que Reglita Martínez y la otra señora eran las únicas visitas que quedaban ya en la casa y que las señoras de la familia iban a empezar un rosario en el cuarto de la bisabuela Carmen, junto al cuerpo presente. Reglita Martínez y su amiga dijeron que qué apuro, por Dios, y se fueron con muchas prisas.

—Ahora vas a cenar tranquilito —dijo la Mary—. Hasta la hora del entierro, mañana a las doce, no tenemos que apurarnos.

La familia entera —es decir, las personas mayores— se iba a pasar despierta y levantada toda la noche. Las señoras, rezando rosarios y jaculatorias junto al cuerpo presente de la bisabuela Carmen, y los hombres en el piso bajo, en el escritorio, hablando de sus cosas.

—Picha, deja de masticar y traga. Ni que te estuviera dando un purgante.

Me costaba mucho tragar, como si tuviera remordimientos, y además, sentado en la cama, no podía dejar de mirar los sitios vacíos donde antes estaban las sillas que la abuela había mandado tapizar con una cretona alegre. A lo mejor las visitas, aprovechando que la bisabuela Carmen se había muerto, habían empezado a llevarse algunos muebles. O a lo mejor la muerte había empezado a desbaratar cosas y había empezado por las sillas de mi habitación.

—Mira, si no vas a tragar, me lo dices y a tomar viento. Yo no me pienso llevar un sofocón.

—Es que tengo que preguntarte una cosa —le dije a la Mary, y puse cara de que ya no me cabía en el estómago ni una gota de agua.

La Mary me quitó la bandeja y la dejó encima de la cómoda y puso cara de curiosidad.

—¿Y se puede saber qué tienes tú que preguntarme?

—Una cosa.

—Pues pregúntala ya, alma de cántaro.

Yo me seguía acordando de la bisabuela Carmen repitiendo sin parar gloria bendita, gloria bendita. Y de la tía Virginia Serrador canturreando *Sabor a ti* sin que se le moviera nada la dentadura postiza de su difunto. Y de la Mary diciéndome que los hombres dejan un gusto muy rico. Así que le pregunté:

—¿Las mujeres tienen el mismo sabor que los hombres?

La Mary dijo uy, niño, qué rabúo me estás saliendo, y se echó a reír. Después se puso seria y se quedó pensando. Al cabo de un buen rato, dijo:

—Yo creo que los hombres saben mucho mejor, qué quieres que te diga.

La Mary se sentó a mi lado, en el borde de la cama, y me miraba con mucha atención. Luego me fue acercando la cara, y separó un poco los labios, y cerró los ojos, y cuando le di un beso en los labios ella no hizo nada. Después, sí. Después empezó a besarme los cachetes, la barbilla, la nariz, los ojos, y me fue besando detrás de la oreja, y yo no dejaba de mirar el hueco donde habían estado las sillas tapizadas de cretona, y la Mary me besaba muy despacio, me besaba el cuello, y me fue abriendo la camisa del pijama mientras me iba besando el pecho, y las tetitas, y los hombros, y pensé que a lo mejor yo ya era un hombre y tenía un gusto muy rico, y la Mary me besó el estómago, el ombligo, muy despacio, muy suavecito, sin apretar, y me desató el cordón del pantalón del pijama, y me pidió que me acostara bien, que me estirase, que ya era hora de dormir, y me metió la mano por el pijama como si tuviera miedo, y yo de pronto me di cuenta de que tenía empinado el alfajor, como la Mary decía, y quería preguntarle a la Mary si mi sabor era tan rico como el de un hombre, pero no pude, porque entonces la Mary me puso una de sus manos sobre la boca, para que se la besara, y yo se la besé, despacio, como hacía ella, y la mano de la Mary estaba rasposa y olía un poco a sosa de lavar y no sabía a nada, era como si estuviera besando un papel, y me pareció que escuchaba los murmullos de las mujeres rezando el rosario, y la Mary quería que le besara los brazos, y los hombros, y el cuello, y la cara, y yo lo besaba todo muy despacio, tan despacio que era como si no llegara a besarlo, y me quedé dormido sin darme cuenta...

Por la mañana, la Mary me despertó y me dijo que me tenía que vestir para despedirme de la bisabuela Carmen.

—Y date prisa que no me puedo entretener.

La Mary estaba con la aceleración, y cuando ella se ponía así no se andaba con monsergas.

Mi madre había dicho que yo no estaba para ir a la iglesia ni al cementerio, pero que podía estar en la galería —bien vestido, eso sí— cuando se llevaran la caja.

Pero yo no quería levantarme, no quería ver cómo se llevaban a la bisabuela Carmen y cómo se iban todos a la iglesia y al cementerio y me dejaban solo en la casa. Las campanas de la parroquia habían empezado a tocar a duelo. Y le dije a la Mary que cerrara todas las puertas de mi dormitorio, que no me encontraba bien, que creía que me había subido la fiebre y que después me contara ella lo que había pasado.

La Mary, a la hora de comer, ya más calmada, me dijo que había sido un entierro precioso, y que la más descompuesta de toda la familia era tía Victoria. Pero eso era natural, porque el mariconazo de Luiyi le había dejado muy mal sabor de boca.

Y tan malo. Como que aquel día, después del entierro, cuando cada uno se marchó a su cuarto para descansar un poco del palizón, tía Victoria descubrió que en el canalillo de su pechera ya no estaba la sortija.

Agosto

Las pestañas de la Purísima

Cuando en una familia empiezan a ocurrir desgracias, lo único que se puede hacer es llevarlo con resignación. Eso fue lo que dijo tía Blanca al enterarse del robo de la sortija de tía Victoria, porque tía Victoria estaba segura de no haberla perdido, que podíamos buscar hasta en el depósito del agua si queríamos, en lo alto del tejado —como si a ella le diera por subirse allí a hacer equilibrismos—, pero que una persona tan sensible y tan artista como Victoria Calderón Lebert, rapsoda, intérprete sublime —y de fama internacional— de Federico García Lorca y otros maravillosos poetas españoles, siempre sabe a ciencia cierta cuándo un hombre le ha robado. Y es que a tía Victoria, al parecer, los hombres le habían robado muchísimo.

—¿También el príncipe Michovsky?

—El príncipe Michovsky era un caballero —me dijo tía Victoria con mucha solemnidad.

Luego, se desfondó un poco y reconoció:

—Algo sí que me robó, de todos modos. Es que a mí los hombres siempre me duran hasta que me roban.

Lo dijo con mucha tristeza, como si no tuviera remedio porque aquélla era la cruz que le había tocado en la vida.

Tía Victoria había venido a mi dormitorio a pedirle una vez más a la Mary que le contase lo que había ocurrido después de que a la bisabuela Carmen le diese el pangelingua glorioso, cuando vio a los desnudos gladiadores —ella había decidido que eran gladiadores— de la revista de Luiyi. La Mary se lo contó otra vez de cabo a rabo, como si fuera una lección de geografía que ella se sabía de memoria, y después tía Victoria volvió a recogerse en su cuarto, más desportillada que una tartana de las que llevaban a las señoras de medio pelo —las señoras de verdad iban en sus coches— a Las Piletas a tomar las aguas. Tía Victoria, desde la muerte de la bisabuela Carmen y desde que Luiyi le robó la sortija, se pasaba las horas muertas encerrada en su habitación y sin ganas ni de ensayar.

—¿Para qué voy a ensayar —le había dicho a la Mary—, si con el luto ya no puedo dar el recital que me hacía tanta ilusión?

Todo el mundo, claro, se había puesto de luto en la casa —hasta la tata Caridad se vendaba ahora los brazos con trapos negros—, y con el calor que hacía y el solazo que entraba hasta las tantas en las habitaciones, había que tener siempre las persianas echadas para que no cogiéramos todos la escarlatina. A la Mary le habían puesto un uniforme negro de nailon que la tenía todo el santo día rascándose los picores.

La Mary seguía viniéndose a mi cuarto a planchar y entonces sí que sudaba la gota gorda. Pero en verano, cuando más calor hace, la ropa seca y que ha estado mucho tiempo tendida huele mejor que nunca, a mí me gustaba mucho olerla porque tenía el mismo olor de los panecillos que Gabino, el panadero, traía todas las mañanas, recién hechos, para el desayuno. La Mary decía que yo estaba majareta, que las cosas que se me ocurrían no eran corrientes, y que si no me corregía a tiempo iba a terminar como tío Ricardo; lo decía tanto que a veces me daba rabia haber nacido en aquella familia. Es lo que tiene de malo haber nacido en una familia bien, que con dinerito en la cartilla se tiene tiempo para desvariar y después se contagian los chiquillos. Eso decía la Mary.

Las visitas de la abuela seguían viniendo todas las tardes y merendando en el gabinete, y la única diferencia era que rezaban un rosario después del cafelito por el alma de la bisabuela Carmen. Todas las señoras estaban al tanto del robo de la sortija de tía Victoria, y algunas decían con mucho retorcimiento que ya no se podía tener un secretario, con la falta que hace, ¿verdad, Magdalena?, y que a dónde íbamos a parar. Mi abuela seguía sin meter apenas baza en la conversación, pero no hacía ninguna falta porque las visitas lo sabían todo: que tía Victoria había echado a Luiyi —según ellas, por faltarle al respeto a la bisabuela Carmen—, pero que Luiyi había vuelto por la noche, cuando la criada estaba en la casapuerta con uno de sus novios, y le dijo a la criada que se le habían olvidado unos papeles que le hacían mucha falta, que le acompañara por favor al cuarto de la señorita Victoria, y a la criada ni se le ocurrió que en aquello pudiera haber mala intención; lo llevó al cuarto, lo dejó allí solo para que pudiera revolver todo lo que quisiera, ay, con la pobre Victoria como un niño chico, que se había tomado sus pastillitas para los nervios, que se podía haber caído la casa y ella no se habría dado ni cuenta, y como él sabía perfectamente dónde se guardaba la pobre Victoria la sortija sólo tuvo que hurgar un poco y apropiarse la prenda, un joyón por lo visto, aunque, más que por lo que valía, a la pobre Victoria le había trastornado el robo porque la sortija era para ella como un talismán.

Menos lo de faltarle al respeto a la bisabuela Carmen, que era verdad sólo a medias, lo demás era verdad del todo, punto por punto. La Mary se lo había contado tantas veces a la tía Victoria, que también yo me lo sabía de memoria y le había cogido una tirria a Luiyi que, si me lo hubiera encontrado cara a cara, le habría escupido. Porque por su culpa tía Victoria estaba tan mustia como la vara de nardo que le regalaron antes de la guerra a tía Emilia, la hermana de mi padre, en las carreras de caballos, y que ella guardaba como una reliquia porque nunca más volvieron a regalarle otra. Por su culpa se había terminado el ver revistas de modas y actualidades y magazines extranjeros. Por su culpa se habían acabado las distracciones en aquella casa. Y encima, por su culpa, las señoras que venían de visita se recochineaban con la mala suerte de tía Victoria y, como ella no estaba delante, se consentían decir que, a partir de cierta edad, y por moderna que se sea, no se puede una permitir andar con secretarios, porque acaba una en el asilo de las Hermanas de los Pobres, con una mano delante y otra detrás. Como decía la Mary, se podía mascar el contento tan cochambroso que tenían al ver que a tía Victoria se le había terminado tan mal el interludio.

La única que seguía más buena que el pan era Reglita Martínez, aunque últimamente andaba un poco desatada por una ocurrencia que había tenido y que, si no se aguantaba un poquito, iba a terminar por hacerla insoportable. Reglita Martínez se había presentado una tarde, por las buenas, con un montón de lotería, como si fuera Pepa la Guapa, una gitana del Castillo de Santiago que era una belleza de quitar el sentido, con unos ojos verdes como bandejas, y que se ganaba la vida vendiendo cupones, después de haber podido tener todo lo que quisiera, que medio Jerez de postín había querido ponerle casa y llenarla de joyas y de ropa cara, pero ella era una desgarrá, como decía la Mary, y prefería buscarse el gusto por su cuenta y gastarse lo que tuviera con sus hombres, que estar amarrada a un pesebre aunque fuera de caoba; lo único que consintió fue que la retrataran un año para el cartel de la Fiesta de la Vendimia, pero los duros que le dieron se los gastó en una noche con el primero que se le encartó. Reglita Martínez no se había metido en ese vicio, claro está, pero andaba emperrada en colocarle la lotería a todo el mundo, a la gente bien y con clase, decía ella, porque así le tocaría el gordo a los que saben usar el dinero sin caer en pecado mortal, y no a un obrero cualquiera que, en cuanto se ve con dos pesetas encima, pierde el temor de Dios. Reglita Martínez le daba la serenata con la lotería a toda la familia y a todas las señoras que iban a visitar a la abuela, y a los señores que se reunían en el escritorio a hablar de negocios y de política con el abuelo, y a todo el mundo le prometía que iba a tener suerte. Las visitas, le dije a la Mary, no sé si la tendrán, pero lo que era a aquella familia lo único que le caían, una detrás de otra, eran desgracias.

—No te quejes —me dijo la Mary—. Las desgracias por lo menos distraen.

Con la desgracia de la muerte de la bisabuela Carmen es verdad que la casa, durante unos días, se animó un poquito. Durante una semana, y aparte de las visitas de siempre, mi madre y tía Loreto, y por supuesto tía Blanca, vinieron todas las tardes a ver a mi abuela, y mi padre y tío Esteban y tío Paco Galván se quedaban en el escritorio con el abuelo. También vinieron un día mis hermanos Manolín y Diego, aunque Antonia, la niñera, tenía instrucciones para que no se revolcaran en la cama conmigo, y es que por lo visto era verdad que la enfermedad tan antipática que yo tenía, que no se me acababa de quitar del todo, se contagiaba. Mi prima Rocío también apareció una tarde con tía Loreto, y me preguntó que si había podido escuchar bien lo que decían las almas de aquellos parientes nuestros que pasaban el purgatorio en el mirador, y yo le dije que todas las noches me daban mensajes para la familia, pero que eran secretos y, si los contaba, me iba a condenar para siempre. Rocío me trajo algunos tebeos de amor, porque sabía que me gustaban, y un libro, *Mujercitas,* que me dijo que era precioso. Me lo leí de un tirón, y me gustó tanto que lo empecé de nuevo y se lo contaba a la Mary mientras ella planchaba. Porque a lo mejor es verdad que las desgracias entretienen, como decía la Mary, y que las familias donde no hay disgustos son muy aburridas, pero a nosotros las tardes se nos hacían eternas y con algo había que distraerse. Eso sí, la Mary prefería que yo leyese *Mujercitas* por mi cuenta y que luego le contase la trama. Así que aquella tarde, después de que tía Victoria le preguntase otra vez a la Mary por todos los detalles de la noche de autos, como la Mary decía, y cuando tía Victoria se fue a su cuarto a seguir masticando, como si fueran las pipas de un higo chumbo, el mal sabor que le dejó Luiyi, yo volví a leer *Mujercitas* y en seguida se me puso el corazón en la garganta por lo emocionante que era aquel libro. Pero tía Blanca tenía razón: las desgracias nunca vienen solas y lo único que puede hacer uno es resignarse.

No grité porque, con el nervio que me entró, casi no me salía la voz. Pero por fin dije:

—Mary, lo que nos faltaba. ¡Aquí hay una pestaña de la Purísima!

De verdad. En *Mujercitas* encontré yo una pestaña de la Purísima Concepción. Y eso era un instrumento del que se servía Dios Nuestro Señor, por medio de su madre santísima, para poner a prueba nuestra fe y conseguir limosnas. Un día, el hermano Gerardo nos advirtió que teníamos que estar atentos, que en casi todas nuestras casas podía estar ocurriendo un milagro, porque en los misales de nuestras madres, de nuestras tías, de nuestras abuelas, podía aparecer en cualquier momento una pestaña de la Purísima Concepción, y ésa era la señal para que todas las familias dieran una limosna para el colegio. Las señoras que no hicieran caso corrían el peligro, como castigo, de que les salieran en los ojos orzuelos y llagas, y, como nos dijo el hermano Gerardo, ¿quién quería que su madre tuviera los ojos como los de un leproso? En cuanto llegué a mi casa le pregunté a mi madre si había encontrado en su misal una pestaña de la Purísima, y ella cometió una herejía porque me dijo que eso era una trola y un sacaperras que se habían inventado los curas, que si en su misal había alguna pestaña ni era de la Virgen ni de san Pedro, sería de ella, de mi madre, porque las pestañas se le caen a todo el mundo. Yo eso no se lo conté al hermano Gerardo, no se lo conté a nadie, sólo dije que si yo no llevaba una limosna para el colegio sólo era porque en el misal de mi madre no había aparecido todavía ninguna pestaña, y que la prueba estaba en que mi madre tenía los ojos estupendamente. Y eso era verdad, que yo se los miraba todas las mañanas —a ver, mamá, acércate, ¿tú de qué color tienes los ojos?— y no le salían ni llagas ni orzuelos ni grietas llenas de pus. Pero el hermano Gerardo nos dijo que, si no salían esas cosas, podía ser mucho peor, que a las familias que por avaricia no dieran limosnas para el colegio seguro que, antes o después, les caía una desgracia.

Mi madre no le dio al colegio ni un duro en limosnas, y a lo mejor por eso se nos murió la bisabuela Carmen. Y ahora, para seguir martirizándonos, aparecía en *Mujercitas* una pestaña de la Purísima Concepción y a ver de dónde sacaba yo dinero para mandar al colegio una limosna. La Mary me dijo que no fuera pánfilo, que aquella pestaña seguro que era mía o de mi prima Rocío, y que a ella le daba mucha lástima porque yo iba a terminar en un manicomio. Me quitó el libro de un manotazo y se puso a sacudirlo como si dentro, en vez de pestañas de la Purísima Concepción, tuviese gusarapos. Pero la pestaña de la Virgen, que estaba en la página veintinueve, no se iba ni a la de tres, y la Mary tuvo que despegarla con los dedos y se fue al cuarto de baño a lavarse las manos para que la dichosa pestaña, dijo, se fuera a las alcantarillas. Así que yo lo único que podía hacer era santiguarme, y prepararme para lo peor. Porque si en *Mujercitas* había aparecido una pestaña de la Purísima, y si yo no tenía dinero para limosnas y la Mary, despotricando, había tirado la pestaña por la cañería del lavabo, eso era señal de que las desgracias de mi familia no se habían terminado ni mucho menos.

Yo tuve un amor secreto

Estaba solo en mi habitación, en la cama, leyendo *Mujercitas*, cuando de pronto se abrió la puerta que daba a la galería y apareció tío Ramón. Como diría tía Blanca, me quedé estupefacto.

—Vaya —dijo él—. ¿Tú de dónde has salido?

Yo a él lo reconocí en seguida, nada más verle, estaba igual que en las fotografías, con aquellas jechuras tan fenomenales que tanto le alborotaban la bandurria a la Mary, con aquellos ojos verdes que ponían descompuesto a Cigala, el manicura, con aquella pinta de calavera simpático y guapetón, y con un caché despampanante, que a tía Emilia la ponía, según mi madre, como una pelandusca de Rompechapines.

Pero él no sabía quién era yo y qué estaba haciendo en su cuarto.

—Este es mi cuarto, ¿verdad que sí? Mira que si me he equivocado y me he metido en un orfanato...

Tío Ramón se puso a mirarlo todo exageradamente, moviéndose como un torero, y decía que sí con la cabeza, que aquélla era su habitación, su cómoda, su armario, su cama, su mesilla de noche, que aquél era efectivamente el cierro desde donde se veía el jardín del palacio de los infantes de Orleans, con la araucaria gigante que se podía ver desde cualquier casa del Barrio Alto, y la Cuesta Belén y el almacén de Melitón y el palacio de la duquesa si se miraba para la derecha, y la Casa de Maternidad y la Cuesta de los Perros si se miraba para el otro lado. El no se había equivocado. Allí lo único raro era yo. Y se me quedó mirando como si yo fuera uno de esos domingueros que se ponían en nuestra caseta de la playa sin pedir permiso.

Arrugó la frente –lo que, según mi madre, estaba feísimo porque era señal de desconfianza–, y me preguntó:

–¿Tú eres hijo de alguien conocido?

Como si yo pudiera ser hijo de una criada, o de una gachí del Barrio Bajo y estuviera allí por caridad.

Le dije que sí, que mi madre era Mercedes, y él hizo una mueca muy graciosa, como diciendo que la noticia le aliviaba mucho.

–Tu madre es la mar de chic –dijo–. Las únicas personas verdaderamente chic de esta familia son tu madre, Victoria y yo, naturalmente. Al resto no le vendría mal entrenar un poco.

Lástima que no tuviera un lápiz y un cuaderno para apuntarlo y que no se me olvidara: tenía que ensayar mucho para ser el día de mañana una persona chic.

–¿Y cómo te llamas?

Se lo dije, y él dijo que claro, que como mi padre, y que él conocía a un mequetrefe que se llamaba igual que nosotros y que decía que no había nadie en el mundo que se llamara así y que fuera maricón. Yo también lo conocía: un primo hermano de mi padre. Lo que no sabía es que fuera un mequetrefe.

Tío Ramón cogió la maleta que había traído y la puso encima de la cama. La abrió y dentro tenía muy pocas cosas, como si hubiera venido para pasar pocos días. Eso sí, él estaba impecable. Llevaba una guayabera blanca y con jaretitas por la parte de delante, muy limpia y muy moderna, se veía que era de tergal, el último grito, y unos pantalones azul marino sin un brillo ni un rocetón y con la raya marcada estupendamente. Traía puestas unas playeras de lona, también blancas, y estaba la mar de conjuntado. Y guapísimo. La verdad es que era guapísimo, no me extrañaba que a la Mary se le calentara la sartén nada más verle, aunque fuera en fotos, y que Cigala le echara piropos cuando se lo encontraba por la galería, aunque tío Ramón escupiese y pusiera cara de asco. Tenía un moreno de sol que daba gusto mirarle, y como la guayabera la llevaba con las mangas arremangadas se le veían unos músculos como los de Joaquín Blume, y con razón decía la Mary que ojos como los de tío Ramón no los había ni en Jolibú. Con aquella planta y aquellos ojos y aquel caché era natural que volviese locas a todas las gachises que se le pusieran por delante, y también a todas las señoras de buena familia y millonetis, porque un color como el que tenía tío Ramón no se cogía en una playa cualquiera, ni siquiera en la de Chipiona. Sólo se podía coger en un crucero por el Caribe, con señoras de la alta sociedad.

Tío Ramón quiso poner sus cosas en el armario, pero el cuerpo que se podía abrir estaba hasta los topes de ropa blanca; en el cuerpo central, el del espejo, tenía yo mi ropa, y todos los cajones estaban llenos de menudencias, como decía tía Blanca; y el otro cuerpo, donde habían metido todo lo de tío Ramón, seguía cerrado con llave y sin que la Mary, a pesar del achicharre y la curiosidad que tenía, hubiera encontrado otra excusa para hacer que la abuela lo abriese.

Yo vi que a tío Ramón no le gustó nada encontrarlo todo tan ocupado.

—¿Y tú duermes aquí —me preguntó— o estás de paso?

Se notaba que ya se le empezaba a quemar la sangre.

Yo me puse a contarle lo que me pasaba, que me había puesto enfermo y que aún tenía destemplanza, y que estaba allí, en casa de los abuelos, para pasar todo el verano, pero en aquel momento entró la Mary en la habitación, con los avíos de la plancha, y se quedó encajada en el segundo paso en cuanto se dio cuenta de que allí dentro había un señor. Claro que en seguida supo quién era, y estuvo a punto de tirar todo lo que llevaba por culpa de la sorpresa, y luego dijo ay qué alegría señorito Ramón, ay qué emocionadísima estoy, pero ¿por dónde ha entrado usted?, ¿a quién ha avisado de que venía?, ¿saben la señora y el señor y la señorita Blanca y la señorita Victoria que está usted aquí? Tío Ramón se rió como un artista de cine —premeditadamente, como decía Antonia cuando nos contaba las películas que había visto en el cine San Agustín el jueves por la tarde, que era cuando ella libraba—, se llevó el dedo índice a los labios y dijo:

—Es un secreto.

—¿Se ha enterado usted de que ha muerto la pobre doña Carmen?

Tío Ramón no lo sabía, así que no había venido para acompañar a la familia en el sentimiento, o para que le acompañasen en el sentimiento a él, porque después de todo la muerta era su abuela y le tocaba más que a mí, y a mí Reglita Martínez me había dado el pésame con mucha consideración. Tío Ramón había venido por razones misteriosas, sin avisar a nadie, y había entrado en la casa sin que nadie le abriera, con su propia llave, y se había venido derecho a su cuarto sin tropezarse con nadie ni por la escalera ni por la galería. O sea, que hasta que la Mary entró en la habitación, nadie más que yo sabía que tío Ramón estaba en casa. La Mary salió corriendo a dar la noticia y tío Ramón me miró con cara de resignación, y yo me acordé de lo que decía tía Blanca, que cuando las cosas vienen mal no hay otra cosa que hacer sino resignarse.

Y a tío Ramón, sin duda, algo le había salido mal. Y eso que él le dijo a todo el mundo que no, que las cosas le iban estupendamente, que no había más que fijarse en el buen color que tenía y lo macizo que estaba, y que en realidad iba camino de Tánger para pasar unas vacaciones con gente de la alta sociedad, pero de pronto se había dicho, mira, ¿por qué no me voy unos días a visitar a mi gente? La abuela, que vino en seguida a mi cuarto descompuesta por la sorpresa, no se sabía bien si estaba contenta o preocupada, o seguramente las dos cosas al mismo tiempo; contenta, porque veía a tío Ramón con un aspecto fenomenal y tan dicharachero y presumido como siempre, y preocupada porque no era corriente que él se presentara sin avisar, sin anunciarse a bombo y platillo, y sin haber pedido antes dinero para el viaje. La que estaba encantada, en cambio, era tía Victoria. En seguida me di cuenta de que tío Ramón y ella se llevaban divinamente, que se alegraban de verdad de verse de nuevo, que tía Victoria iba a ponerse otra vez más animada que las verbenas de la infanta doña Beatriz, que los dos estaban locos por contarse sus cosas. Tío Ramón la llamaba Victoria a secas, y eso que era más tía suya que mía, era su tía carnal y, en cambio, era mi tía abuela, como eran tíos abuelos míos el tío Antonio y el tío Ricardo. La Mary también se dio cuenta de ese detalle y me dijo después que en eso se notaba que tío Ramón era un atrevido de mucho cuidado y que sabía tratar a las mujeres. Ella, desde luego, estaba que se derretía. Ponía cada dos por tres los ojos en blanco, todas las frases de tío Ramón le parecían para desmayarse, y en cuanto se le presentaba la ocasión le ponía la mano en cualquier parte, yo creo que sólo le faltó ponérsela en la bragueta. Pero con quien de verdad estuvo tío Ramón cariñoso fue con la tata Caridad.

—Estás guapísima —le dijo—. Te pareces a doña Carmen Polo.

La abrazó como si fuera una niña chica y la tata Caridad se puso a lloriquear y a contarle todos sus achaques. A tío Ramón no le parecían nada del otro mundo. Le dijo que no se preocupase, que él iba a hablar con un médico amigo suyo que trataba a todas las señoras de la alta sociedad de cosas parecidas, y que en cuanto se pusiera bien iba él a llevarla a un crucero por el Caribe.

—Ay, gracias, entrañas mías —le dijo la tata Caridad, sin dejar el lloriqueo—. Yo tengo bastante con un poquito de agua hirviendo.

Y es que ése era el último maniqueísmo —como decía tía Blanca— de la tata Caridad. Lo descubrió la Mary una tarde, cuando fue a preparar la merienda. La tata Caridad estaba sentada junto al fogón, con el calor tan espantoso que hacía, y en la candela había puesto una olla de agua que hervía a todo meter. La Mary le preguntó, con muy poca misericordia, para qué puñetas hacía falta a aquellas horas una olla de agua hirviendo. La tata Caridad le dijo que a aquellas horas no hacía falta para nada, pero que el agua hirviendo acompaña mucho. Desde entonces, la tata Caridad tenía el maniqueísmo de poner agua a hervir a todas horas, y a mí me daba mucha lástima pensar que ya no tenía más compañía que ésa.

—Con un poco de agua hirviendo —dijo tío Ramón—, se animan el atrevimiento las señoras de la alta sociedad.

—Ay, qué ángel —dijo la Mary—. Es para desmayarse.

Tío Ramón preguntó también por el tío Ricardo, que si seguía haciendo la vida a su aire, que si se iba en taxi a la playa de Valdelagrana un día sí y otro también, en invierno y en verano, a aquellas horas imposibles —porque tío Ramón no había visto el taxi aparcado en la puerta, como estaba siempre, y no sabía si eso quería decir que tío Ricardo había dejado ya de hacer turismo, o que él llegó cuando estaba en Valdelagrana—, y que si todavía criaba palomas y continuaba con el empecinamiento de amaestrarlas. La abuela se quejó, como siempre, de los destrozos que las palomas hacían en la casa, y la tía Victoria contó que ahora tenía un palomo cojo, un palomo precioso, zumbón y zarandalí, pero que tenía esa desgracia de cojear y parecía él muy amargado e independiente, pero que con quien se llevaba la mar de bien –misterios de la naturaleza– era con Garibaldi. Y allí estaba, en mi cuarto, o en el cuarto de tío Ramón, que yo no sabía ya de quién era, el perro Garibaldi, tan tiquismiquis como siempre, derritiéndose de mandanga en brazos de su dueña y dejando, encantado de la vida, que tío Ramón le pasara aquella mano tan preciosa –pero tan de hombre, decía la Mary– que él tenía, y que tan bien manejaba, por encima del lomo.

–¿Esta cosa ladra, Victoria? –preguntó tío Ramón, con un tonillo chuflón que a la Mary también le pareció que era para desmayarse.

Tía Victoria le explicó que ladrar, ladraba poquito, y que ni siquiera se había puesto a aullar –que ya era ponerse, pobre Garibaldi– cuando se murió la bisabuela Carmen, a pesar de que, según la Mary, todos los perros lo hacen cuando alguien está agonizando. Pero tía Victoria había dicho que eso lo harían los perros en el campo, que, en las familias bien, los perros con educación no hacen esas ordinarieces. La Mary contestó que a Garibaldi sólo le pasaba una cosa, que era mariquita, y que por eso se llevaba tan bien y congeniaba tanto con el palomo cojo. Tía Victoria reconoció, la mar de pizpireta, y así se lo dijo aquella tarde a tío Ramón, que su perro Garibaldi era, además de muy sensible, un poco rarito, y no sé por qué yo empecé a ponerme colorado. A lo mejor porque me daba vergüenza no haberme puesto a gritar y a llorar a mares cuando la bisabuela Carmen se murió.

–Victoria, Victoria –dijo tío Ramón, y parecía que le estaba riñendo en broma–: todos somos raritos de vez en cuando.

—Pero algunos son más raros que otros —dijo entonces tía Blanca, a la que nadie había visto entrar.

Tía Blanca apareció como siempre, incordiando, con aquel estiramiento que parecía que había heredado directamente de los visigodos, como decía mi madre cuando quería meterse con ella. Le dijo a tío Ramón que benditos los ojos, que suponía ella que algo bueno le llevaría esta vez por allí, aunque sólo fuera para variar, y que el abuelo le estaba esperando en el escritorio para tener con él un tetatet. Tía Blanca decía cosas en francés cuando quería ser chuflona, y mi madre decía que eso era un sacrilegio, que el francés sólo hay que utilizarlo para cosas elegantes. Pero tía Blanca no conseguiría ser elegante en toda su vida, así que por lo visto había decidido ser una amargada. Sólo había que ver con qué superioridad tan almidonada, como me dijo la Mary, le hablaba y miraba a tío Ramón.

—Date prisa, que tu padre está muy ocupado.

Y tío Ramón le dijo:

—A sus órdenes, mi sargenta.

—Ay, qué ángel —dijo la Mary otra vez—. Es para desmayarse.

A mí también me hizo mucha gracia y me eché a reír, y tía Blanca nos miró a la Mary y a mí como si quisiera fusilarnos, pero tío Ramón se acercó y me revolvió el pelo. A mí me daba un montón de rabia que me hicieran eso, pero aquella vez, cuando me lo hizo tío Ramón, me gustó mucho. Luego, tío Ramón, para demostrarle a tía Blanca que no pensaba entrarle ningún apuro, fue a asomarse al cierro con mucho interés, como si temiera que en un rato lo hubieran cambiado todo de sitio, y dio un suspiro muy concienzudo y muy mundano. Después empezó a canturrear aquella canción.

Cantaba muy bien tío Ramón, suavecito, con una voz preciosa, y hasta tía Blanca guardó silencio para escucharle.

Lo malo era que no se le entendía nada.

—Es inglés —dijo tía Victoria, que hablaba un montón de lenguajes.

Era maravilloso que tío Ramón supiera cantar en inglés.

—Qué barbaridad —dijo tía Blanca—. Qué modernidades. La gente elegante y decente en lo que siempre ha hablado ha sido en francés. A saber lo que dice la letra de esa canción. Verdulerías.

—Es una balada irlandesa, hermanita Blanca —tío Ramón le hablaba con mucha parsimonia y con un poquito de pespunte, como decía la Mary, en la pronunciación de cada palabra—. Una preciosidad. Se llama *Yo tuve un amor secreto.*

—Ya decía yo.

Tío Ramón empezó otra vez la canción por el principio y esta vez le salió todavía mejor, con más sentimiento. Pero la abuela se le acercó y le dijo:

—Anda, Ramón, no hagas esperar a tu padre.

Tío Ramón sonrió con mucho estilo, le dio un beso a la abuela, le guiñó un ojo a tía Blanca, le puso los dientes largos a la Mary con una caída de ojos como las de Alfredo Mayo, y le prometió a la tata Caridad que al día siguiente sin falta hablaba con aquel amigo suyo que iba a quitarle todos los achaques. Y cuando ya estaba en la puerta, a punto de salir de la habitación, se volvió a mirarme y me dijo:

—Lo siento, muchachito. Vas a tener que dejarme mi cama.

A mí se me puso un nudo en la garganta, pero la abuela me dijo que no me preocupase, que iba a salir ganando, que estaría estupendamente en el antiguo cuarto de tía Blanca, aquella habitación tan grandota que se comunicaba por una puerta de cristales con la de tío Ramón.

Y en aquel mismo momento tuve que cambiarme y lo mudaron todo, para que tío Ramón tuviera su dormitorio dispuesto cuanto antes.

Un hombre con gancho

A tía Victoria le volvió de pronto y con mucha fuerza el empeño de dar el recital. Primero, porque el impulso artístico, como ella decía, no tiene reglamento ni consideración, cuando te entra no hay convencimiento ni aborrición ni luto que valga; el impulso artístico te domina como a un polichinela. Y segundo porque a tío Ramón la idea también le entusiasmaba, él había visto una vez a tía Victoria recitar en Biarritz, un sitio elegantísimo, y tía Victoria había actuado, con cositas de Campoamor, decía ella, en el salón de música de un hotel de lujo, que se puso de bote en bote. Tío Ramón no olvidaría nunca aquella fecha, aquel alarde de tía Victoria y aquel éxito tan grandísimo que tuvo, y aunque sólo fuera para que él pudiese admirarla otra vez, y aunque fuera imposible tener más público, por el luto de la familia, tía Victoria tenía que dar ese recital. Así que ella empezó otra vez a ensayar a todas horas, como si le hubieran dado cuerda y no pudiese parar, y dijo que la velada no podía retrasarse mucho, para aprovechar bien el impulso artístico.

—Es que tu tío Ramón tiene un gancho para desmayarse —me dijo la Mary—. A mí me pide que me tire al aljibe, y yo me tiro de cabeza.

Aquello de decir que alguien tenía mucho gancho era una costumbre de mi madre, pero es que la Mary a veces hablaba como mi madre, sobre todo si le daba por sentirse protagonista de un serial, y la verdad es que mi madre, a pesar de ser tan chic, también a veces hablaba como la Mary, sobre todo cuando se ponía frenética. A mí me gustaba mucho cómo hablaba mi madre, pero también todo lo que decía la Mary, y muchas veces lo repetía sin darme cuenta, y una vez Antonia me dijo que no hablara así, que los hombres no dicen esas cosas. A mi madre lo único que no le gustaba era que dijese picardías, pero yo me había dado cuenta de que los hombres decían picardías a montones y, según mi hermano Manolín, uno hablaba así cuando era un machote y un legionario. Manolín, de mayor, quería ser legionario, pero como a mí lo que me gustaba era ser marino mercante o artista de cine, dejé de decir picardías y a lo mejor por eso me salían sin darme cuenta los dichos de mi madre y de la Mary. Además, una de las cosas que descubrí aquel verano, en casa de mis abuelos, fue que no todos los hombres dicen picardías: a tío Ramón no le escuché ni una.

En cualquier caso, lo que sí estaba clarísimo era que el gancho de tío Ramón, como decía la Mary, no tenía rival.

En nada de tiempo, la Mary cambió muchísimo. Si tío Ramón estaba en casa, ella se metía en su habitación con cualquier motivo y zascandileaba por allí, a la espera de que tío Ramón apareciese en cualquier momento y le pusiera el corazón como una alúa en una costilla. Me dijo que no podía remediarlo, que era verle a tío Ramón las jechuras y le daba la taranta, y que además se había dado cuenta de que a tío Ramón se le alegraban las niñas de los ojos cuando se la encontraba en algún sitio. Y yo al principio creía que lo de la Mary no era más que una figuración, que, como era una mozcorra —eso fue lo que le dijo un día la tata Caridad, en medio de una discusión—, lo que quería era ponerse a la altura de las señoras de la alta sociedad o de las gachises con mucha mundología a las que tío Ramón les quitaba el sentido, y para entrenarse, cuando tío Ramón estaba fuera, andaba todo el tiempo la mar de distraída y suspirosa y poniendo poquísimo interés, como dijo la abuela, en las faenas de la casa. Cuando tío Ramón volvía de calle y se ponía en su cuarto a leer o en la azotea a tomar el sol, la Mary a las faenas de la casa no les hacía ni puñetero caso y se pasaba todo el tiempo rondando a tío Ramón y haciéndole mohínes y dejando que tío Ramón le tocase el pompis y le metiese el pie, con muchísima puntería, como decía siempre ella riéndose a carcajadas, por debajo del uniforme. A veces, cuando tío Ramón estaba en su cuarto, me dejaba sentarme a su lado a leer *Mujercitas*, y así fue como yo me di cuenta de que lo que decía la Mary no era una figuración, que tío Ramón de verdad se ponía interesante cuando la Mary lo provocaba. Si tío Ramón se tumbaba a tomar el sol, yo no podía tumbarme con él, porque José Joaquín García Vela me había prohibido –y el hijo de Sudor Medinilla lo confirmó– tomar el sol ni por las rendijas de una persiana. Pero no tenía más que oír las carcajadas de la Mary, que sonaban por toda la casa como si fueran pelotas de aluminio que se escapaban botando por las habitaciones, para saber que tío Ramón le estaba pellizcando la pandorga y buscándole con el pie la boca del estómago. Y me daba mucha corajina y me picaban los ojos como si estuviera a punto de llorar y me entraban ganas de salir corriendo y pegarle un empujón a la Mary y decirle que no fuera tan fresca y tan cochambrosa.

Un día, ella me dijo:

–Figúrate, tu tío Ramón me ha jurado por sus muertos que él duerme siempre sin nada. Desde tu habitación seguro que lo ves.

No le dije ni que sí ni que no. A lo mejor era verdad, y me dio rabia no haberlo visto como la Mary se pensaba, porque casi todas las noches, cuando yo me metía en la cama, tío Ramón estaba de parrandeo por ahí y nunca le veía acostarse, y por las mañanas a él le gustaba dormir hasta las tantas de adviento y la abuela me tenía prohibido andar por mi cuarto para que no le molestase. En bañador —un meyba azul marino que le sentaba estupendamente; ya no se llevaban aquéllos de punto y con tirantes como el que él tenía puesto en la fotografía que la Mary se guardó, a los pocos días de estar yo en casa de los abuelos, cuando ella consiguió que la abuela abriese el armario de tío Ramón—, con aquel color tan bonito que tenía en todo el cuerpo, y no como yo que estaba más pálido que una mojarra, tío Ramón parecía el muchachito de una de aquellas películas de romanos ateos y mártires cristianos que daban en el colegio los jueves por la tarde, cuando no teníamos clase, y que el hermano Gerardo nos explicaba después en la clase de religión, mientras nos pedía que cerrásemos los puños y nos clavásemos las uñas en las palmas de las manos, para que comprendiésemos lo que habían sufrido Jesucristo y los mártires cuando los crucificaban. Pero yo me imaginaba a tío Ramón quitándose el bañador y quedándose sin nada, y haciendo, en cueros vivos, posturitas como Luiyi y aquellos deportistas de *Adonis,* la revista que a la bisabuela Carmen le había dejado tan buen sabor, y me ponía tan nervioso que hasta el alfajor se me empinaba y me ponía a decir, sin darme cuenta, gloria bendita, gloria bendita. A la Mary no le dije ni que sí ni que no, pero le di a entender que sí, que lo había visto, para que trinase de envidia, y además porque seguro que era verdad, porque tío Ramón lo había jurado por sus muertos.

Todas las noches inventaba algo para no dormirme antes de que tío Ramón volviese de sus parrandas. Me ponía en los ojos algodones empapados de agua fría, o palillos de dientes subiéndome las cejas para que los ojos no se me cerrasen solos, o unos alfileres en el pijama para que se me clavasen en cuanto me descuidara un poco o cambiara de postura para ponerme a dormir, y no servía de nada. Por mucho que me empeñase en estar despierto, siempre me quedaba estroncado. La Mary empezó a darme mucha coba para que yo le dejase que viniera a mi habitación alguna noche, sin que nadie más lo supiera, porque ella estaba segura de que no se iba a dormir ni aunque le dieran un narcótico como los que se tomaba tía Victoria para los nervios, y me juró por sus muertos que me despertaría en cuanto llegase tío Ramón, a la hora que fuese, para que lo viéramos quedarse en cueros vivos. Y yo al principio le decía que no, que eso era una sinvergonzonería y que con un padrenuestro seguro que no se perdonaba, y, como no podía ir a la parroquia a confesarme, lo mismo me pasaba el resto del verano en pecado mortal y en peligro de condenarme para siempre.

—Eres más lila que el novio de la Luján —me decía la Mary—, que se murió de un empacho de burgaíllos.

Yo a veces iba con Antonia y Manolín y Diego, cuando había marea baja, a coger burgaíllos, que están pegados en las rocas y son como caracolitos de mar, y después, en casa, nos pasábamos la tarde entera sacando el bicho del caparazón con un alfiler y comiéndolos, claro, de uno en uno, que casi no lo notabas, de chicos y menúos que eran. Sí que tenía que ser tonto el novio de la Luján para morirse de un empacho de eso.

La Mary decía que verle el perejil a tío Ramón no era pecado, y mucho menos pecado mortal, ni siquiera falta de confesión, como decía el hermano Gerardo que eran algunos descuidos en el temor de Dios que ni siquiera llegaban a pecados veniales.

—¿Tú has visto el Adán y Eva que tiene tu abuelo en el escritorio? ¿Y no se le ve a él el perejil y a ella la bandurria? ¿Y no los ve tu abuelo todos los días? ¿Y tú te crees que por eso tu abuelo está en pecado mortal?

El Adán y Eva era un cuadro grandísimo y de mucho mérito, según tía Blanca, un cuadro como para estar en un museo en Madrid, lo único que pasaba era que no se podía tener en ningún sitio donde pudieran escandalizarse las visitas. Y si las visitas se escandalizaban, por algo sería. Claro que en las reuniones que mi abuelo tenía en el escritorio, para hablar de negocios y comentar las noticias que venían de Madrid, casi siempre estaba el padre Vicente, y él nunca pidió que taparan el cuadro con una tela morada como las imágenes en Semana Santa. Por eso, a lo mejor la Mary tenía razón y lo que pasaba era que las visitas que iban a casa de mis abuelos eran todas unas escrupulosas.

Para engatusarme, la Mary, muy mandangosa, me dijo un día que se había enterado de por qué tío Ramón estaba con nosotros y se había presentado sin avisar. Que me lo contaba si le prometía que la dejaría quedarse una noche en mi cuarto. Y yo no le prometí nada, pero ella me lo fue contando poquito a poco, con la mar de habilidad, dejándome de pronto a dos velas, cuando la cosa estaba más interesante, y soltando de vez en cuando insinuaciones —tía Blanca decía mucho que a ella no le gustaba que la gente se anduviera con insinuaciones, porque eso era de malísima educación—, para que yo le pidiera, a cambio de lo que ella quería, que me lo contase todo. No tuve más remedio que decirle que sí, porque me estaba haciendo pasar las duquelas con tanta intriga.

A mí, lo que me contó la Mary me quitó el comecome que ella me había metido en el cuerpo con tantas insinuaciones, pero aliviarme, la verdad, no me alivió nada. Tío Ramón, según la Mary, había venido a esconderse de la policía de Franco. Y todo por haberse chufleado del marqués de Villaverde. Y eso que el marqués de Villaverde y tío Ramón, antes de que el marqués se casara con la hija del Caudillo, habían sido de la misma pandilla y más amigos de lo que uno se pueda imaginar, hacían barrabasadas juntos y se prestaban dinero —bueno, según mi madre, que estaba encantada de las relaciones tan estupendas que tenía tío Ramón, era tío Ramón el que le dejaba dinero al marqués, cuando lo tenía, claro, y es que el marqués mucho título y mucha planta, pero ni una peseta—, y alternaban con las señoras de la alta sociedad para sacarles regalitos y hasta billetes que luego se gastaban con gachises de cabaré. Yo le dije a la Mary que eso era una trola que ella se había inventado, porque había leído en la revista *Gran Mundo* que el marqués siempre había estado prendado de la belleza y la gracia de la hija del Caudillo y que la boda había sido un premio a su buen gusto y a su perseverancia. De modo que si el marqués alternaba con señoras de la alta sociedad era solamente para hacer conocimientos y para que doña Carmen Polo recibiera buenos informes. Y con gachises seguro que ni se trataba. Lo que sí era verdad, porque mi madre también me lo había contado una vez, era que tío Ramón, y otros amigos de la pandilla, le prestaban al marqués dinero para que pudiera sacar a la hija del Caudillo a merendar, y algunos, los que lo tenían, hasta le dejaban el coche, y una vez tío Ramón hizo de chófer, con uniforme y todo, para que la hija del Caudillo se diera cuenta del partido tan estupendo que era su pretendiente. Todo lo demás eran calumnias. Y a lo mejor tío Ramón contaba las cosas a su manera y exageraba un poquito para darse importancia, y puede que los espías de Franco, como estaban por todas partes, lo supieran, y por eso el marqués le hizo a tío Ramón aquel feo tan horrible de no invitarle a su boda. Nada, no le mandó ni la participación. Y eso que tío Ramón pensaba hacerle un regalo de categoría. Y tío Ramón se llevó un buen sofocón, porque a toda la familia, y a todas sus amistades, y a todas las gachises de cabaré que él conocía, y que eran una patulea, él les había dicho, cuando en los periódicos salió el reportaje de la pedida, que el marqués hasta había pensado en pedirle que fuera el padrino de boda, pero tío Ramón le había dicho al marqués que no, que ni hablar, que mejor que lo fuera el Caudillo. Así que el chasco fue de campeonato, y encima tuvo que aguantar la guasa de la gente, y él le contó a todo el mundo que había sido un problema de politiquería, pero por dentro juró por sus muertos que aquélla se la pagaba. Y un día, al cabo de bastante tiempo, estaba tío Ramón en un restorán de lujo con una gachí, cuando entró la policía secreta y echaron, para hacer sitio, a unas cuantas parejas que sólo iban por el segundo plato, y los camareros prepararon una mesa muy elegante, y cuando ya estaba todo en orden entraron el marqués y la marquesa y se hizo en todo el restorán un silencio reverencial —para tía Blanca, todo lo que tenía que ver con el Caudillo era reverencial—, porque todos los habían reconocido. Y, cosas de la casualidad, la pareja tuvo que pasar precisamente junto a la mesa donde cenaban tío Ramón y la gachí, y tío Ramón se levantó de un salto, se puso delante del marqués, y, antes de que la policía secreta lo quitara de en medio de un empujón, le estrechó la mano, le dio un abrazo de lo más campechanote, le dijo caramba Cristóbal cuánto tiempo sin verte, miró a la marquesa como si fuera alguna gachí desconocida y luego, en voz más alta, para que todo el mundo lo oyese bien, le preguntó: Oye, por cierto, ¿te casaste? Todo el restorán soltó una carcajada que dio gloria oírla —al día siguiente, el restorán lo cerró la policía y el dueño acabó arruinándose—, y tío Ramón aprovechó el barullo para escabullirse antes de que la secreta le echase el guante, y tuvo que venirse a casa de los abuelos para ponerse a salvo. Eso fue lo que me contó la Mary, a cambio de que la dejara quedarse una noche en mi habitación.

A todo esto, la policía de Franco tenía que ser tonta perdida, porque tío Ramón no paraba de salir, una noche detrás de otra, y seguro que lo primero que hacía era sentarse en primera fila en La Ibense, para que lo viera todo el mundo, porque, aunque La Ibense estaba en el Barrio Bajo, aquélla era la única cafetería de postín que había entonces en el pueblo y allí se sentaba, durante horas, todo el que quería lucirse y llamar la atención; como le dijo tío Ramón a tía Victoria, esto no ha cambiado, esto sigue siendo la exposición de ganado selecto. Así que la policía de Franco sólo habría tenido que pasarse por La Ibense para echarle el guante a tío Ramón.

La Mary tenía ya calculada la hora en que tío Ramón solía volver, siempre tardísimo, pero nunca después de que amaneciera. Y lo malo era que, a aquellas horas, en casa de mis abuelos ya había gente levantada, empezando por mi abuela, que decía que aprovechaba esas horitas de tranquilidad para organizar un poco la casa; yo no sé qué podía organizar mi abuela a las cinco de la mañana, pero ella no fallaba ni un día. También mi abuelo se levantaba en cuanto en el reloj de pared de la galería daban las cinco, y armaba un corpuscristi horroroso en el cuarto de baño, que no sabía él escamondarse sin alborotar, y además iba por lo menos siete veces, en albornoz, del cuarto de baño a su alcoba, así que podías tropezarte con él en cualquier momento. Y eso por no hablar de tío Ricardo, que tenía en la brújula un desnorte tan aparatoso y te lo podías encontrar haciendo flexiones en el recibidor a la hora en que tío Ramón llegaba de sus juergas, o de la tata Caridad, que se pasaba las noches en vela en la cocina, junto a una olla de agua hirviendo —aunque la Mary decía jirviendo, que era como si el agua hirviera más o con peor intención—, y se chivaba de todo lo que veía. De manera que la Mary no podía levantarse y cruzar toda la casa a aquellas horas para verle a tío Ramón el perejil, sin que se enterase media familia Calderón Lebert, tata incluida. La única posibilidad era quedarse en mi habitación sin que nadie lo supiera.

Me juró por sus muertos que me avisaría cuando llegase tío Ramón. Me dijo: esta noche vengo, apenas termine de recoger y de fregar los cacharros de la cena hago el paripé de que estoy desencajá de calor y me siento en la azotea a ver si se me pasa, y después, en cuanto se apaguen todas las luces, en vez de subirme a mi cuarto me encajo aquí, en la calzadora, que es desde donde mejor se ve el cuarto de tu tío, así que no te asustes si te despiertas y me ves ahí sentada, con los ojos como platos. Luego fue cuando me juró que, en cuanto tío Ramón empezara a desnudarse, ella me despertaba, que de eso no me tenía que preocupar. Pero no me despertó, ni quiso contarme nada.

—No seas maniático, papafrita —me dijo ella, con mucho coraje pero sin querer levantar la voz—. Tu tío anoche llegó muy temprano, no sé por qué. Y se lió con tu tía Victoria a charlotear de ese pajolero recital que ella quiere dar, caiga quien caiga. Y se metieron en el gabinete de tu abuela a ensayar un poco, y les dieron las tantas. Y es verdad que me metí en tu habitación, pero es que el ensayo a tu tío lo dejó rendido y se quedó estroncado en el gabinete, como te lo cuento, y allí lo encontró tu abuela esta mañana y lo ayudó a acostarse y esta menda se quedó con dos palmos de narices. ¿No ves cómo estoy de descompuesta?

Sí que lo estaba, o por lo menos lo parecía, pero a mí nadie me convencerá nunca de que la Mary me dijo la verdad. La Mary me mintió, porque lo que pasó después no le pasa a un señor y una gachí de buenas a primeras.

En cambio, sí que era cierto que tía Victoria se había ido poniendo pesadísima con su recital.

—Lo haremos en el salón de los espejos —decía—. Federico pide lo mejor.

—Ese salón da una trabajera horrorosa, señorita Victoria —protestaba la Mary—. Todavía me acuerdo de cuando pidieron a la señorita Blanca.

Pero tía Victoria estaba emperrada y no quería ni oír hablar de hacerlo en otro sitio. O en el salón de los espejos, o no había recital. Se ponía muy pingorotuda para decirlo, y tío Ramón, para contentarla, le decía que se haría lo que se pudiera, y que él comprendía que en el salón de los espejos el espectáculo podía ser verdaderamente grandioso. El de los espejos era el mayor y más lujoso de los salones que había en casa de mis abuelos y sólo se usaba en ocasiones extraordinarias. Estaba en el principal, daba a la calle Caballero y tenía frente por frente la cancela más importante del jardín del palacio de los infantes de Orleans, y la última vez que lo abrieron fue para la petición de mano de tía Blanca, porque ella se empeñó en hacerlo con mucho empaque y a todo plan —la boda se celebró en La Altanera, la finca que mi abuelo tenía por la carretera de Bonanza—, y de eso hacía ya más de dos años, aunque la Mary aún se quejaba de la tarea tan espantosa que aquello le dio.

—Pues Federico no se merece menos —insistía tía Victoria—. Yo no recito a Federico como no sea en lugares selectos. Eso en el extranjero lo sabe todo el mundo.

En el extranjero, a lo mejor, pero en la familia no estaba tan claro. El abuelo dijo que ni pensarlo. Que en aquella casa el luto lo respetaba hasta el mismísimo Federico. Que si alguien tenía queja, ya se podía ir yendo por donde había venido, y que ya iba siendo hora de que tía Victoria sentara un poco la cabeza. Tía Victoria se llevó un disgusto de muerte, pero no se arrugó, según ella, porque Federico no se lo hubiera perdonado.

—Si no les gusta —dijo ella, muy rebelde—, tendrán que echarme de esta casa. Porque el salón de los espejos lo podrán cerrar con siete llaves, pero a mí no hay quien me quite el impulso artístico.

Y el impulso artístico, por lo visto, se ponía frenético cuando le llevaban la contraria. Porque a tía Victoria le entró de pronto la impaciencia y dijo que el recital había que darlo cuanto antes. Y en el salón de los espejos, costara lo que costase, y que si había que hacerlo a escondidas hasta sería más emocionante. Le preguntó a tío Ramón que si podía contar con él, y tío Ramón le dijo que por supuesto, que en aquellos tiempos lo único que merecía la pena era lo que se hacía a escondidas y a la contra, y que si la policía secreta de Franco no había podido con él, menos iba a poder la rama estrecha de la familia Calderón. La Mary, claro, le dijo a tía Victoria que también con ella podía contar, que ella hacía lo que fuera menester, aunque mi abuela al día siguiente le diera la cuenta.

—Y a ti también te voy a necesitar —me dijo tía Victoria—. Serás mi ayudante. Alguien tiene que hacer lo que hacía el mariconazo de Luiyi. Y no te preocupes, que es facilísimo.

Me explicó que sólo tenía que vestirme lo mejor posible y ponerme a su lado para ir pasando las hojas donde estaban escritas las poesías, mientras ella recitaba. Eran unas hojas enormes, de papel grueso y de mucha calidad, como dijo tío Ramón cuando tía Victoria, para que yo me fuera entrenando, las sacó de una de sus siete maletas. Los versos estaban escritos con unas letras grandísimas, y es que la Mary me explicó que tía Victoria andaba de la vista fatal, pero como era muy coqueta no quería ponerse gafas y tenía que escribir las poesías con letras casi tan grandes como las de los apellidos de la gente bien en los tejados de las bodegas, para poder leerlas si se le olvidaban en medio del impulso artístico; por eso mi papel iba a ser tan importante.

—Creo que contigo —dijo tía Victoria, muy contenta—, Federico va a salir ganando.

Sacó también un atril como los de las iglesias, sólo que mucho mayor, parecía una batea para llevar la comida a la cama cuando estás malo o jarón, y primero lo puso a mi altura para que yo pudiera pasar las hojas con comodidad, porque el atril se podía bajar o subir como se quisiera, pero si estaba demasiado bajo a tía Victoria no le servía de nada, de manera que decidió que yo me subiera en un taburete y que ya se encargaría ella de cubrirlo con una tela preciosa.

—Tienes que pasar las hojas —me dijo— como si las poesías que hay escritas se te fueran ocurriendo a ti. Con el mismo cuidado.

La verdad es que las poesías eran tan raras que a mí no se me habrían ocurrido nunca. Y además ensayamos sólo dos veces, por la tarde, a escondidas, pero lo hice tan bien que tía Victoria me dijo:

—Si tu madre te dejara, te podías venir conmigo a desparramar el impulso artístico por esos mundos de Dios.

Luego, me anunció que el recital sería el viernes de madrugada, que fuera preparándome para levantarme a aquellas horas —como cuando iba con mi padre y Eligio Nieto a cazar tórtolas, yo en el portamantas de la bicicleta de mi padre, porque por las trochas por las que nos metíamos no se podía ir en coche—, y que la Mary me despertaría con tiempo suficiente.

La Mary lo juró por sus muertos. Y además me dijo:

—Qué alivio, picha. A ver si tu tía después del artisteo descansa en paz.

Y es que todas las noches, cuando tío Ramón volvía de sus parrandeos, él y tía Victoria se dedicaban a ensayar en el gabinete, hasta que tío Ramón se caía de sueño y se acostaba sin quitarse ni los zapatos, y así no había manera de que la Mary le viese el perejil. Eso fue lo que ella me dijo. Pero a mí me pareció, por la forma que tuvo de decirlo, que tampoco aquello era verdad.

El salón de los espejos, con todas las lámparas encendidas, parecía el palacio de Sissi. Tía Victoria se había puesto un traje negro precioso, de terciopelo, sin adornos de ninguna clase, con un poco de escote pero sin exagerar, con mangas ajustadas hasta tres centímetros por debajo de los codos, y con un corte estupendo, sencillísimo, recto hasta los pies; la Mary ya me lo había contado hasta el último detalle, porque tía Victoria se lo había probado delante de ella para ver si necesitaba algún arreglo, pero le estaba impecable, le hacía una facha estupenda y se notaba que era un modelo de París. Según tía Victoria, la moda italiana era fenomenal para mañana y tarde, pero para vestidos de noche la costura francesa seguía siendo la mejor del mundo. Yo, con todas las explicaciones que me había dado la Mary, me fui haciendo una idea de tía Victoria arreglada para el recital, pero cuando se encendieron de pronto las tres grandes arañas del salón de los espejos y la vi allí, a mi lado, con aquel modelo tan bonito, con el collar de perlas que traía cuando llegó a casa de los abuelos, con aquel peinado que parecía un milagro porque tía Victoria llevaba una permanente cortita y ahora le caía una mata de tirabuzones hasta los hombros, y pintada como una Inmaculada de Murillo, me quedé sin respiración. Los balcones del salón estaban abiertos de par en par y los árboles del jardín del palacio de los infantes, al otro lado de la calle, eran sólo un borrón oscuro y quieto, como si fueran de piedra, porque no se movía ni un soplo de aire.

Tía Victoria parecía en éxtasis. Tenía los ojos cerrados, la cabeza un poquito levantada, la mano izquierda cerrada dentro de la derecha, a la altura de la garganta, y estaba como un poco encogida de pecho, como si no se atreviera a respirar para no perder la concentración. Se oyeron, en la calle, voces de hombres que venían del Barrio Bajo con unas copitas de más. A mí la Mary me había dejado allí, junto a tía Victoria, cuando el salón de los espejos estaba todavía a oscuras, y ya antes, por el camino, me había advertido tú quédate donde yo te ponga y no digas nada ni te muevas hasta que no te haga una señal. Escuché cómo la Mary cerraba las puertas que daban a la galería y después, durante un rato, nadie habló ni se movió, como si estuviéramos esperando alguna indicación. Por los balcones se veía una noche tirante, casi morada de tan oscura y quieta. Hacía tanto calor y había tanto silencio que yo creía escuchar cómo sudaba; era como si el cuerpo me estuviese chirriando. Eran las cuatro de la madrugada, porque acabábamos de oír las campanadas en el reloj de la galería, y ni siquiera cuando iba con mi padre y Eligio Nieto a cazar tórtolas me levantaba tan temprano. La Mary me había tenido que zarandear hasta cinco veces, me dijo, para conseguir que me despertase, y cuando por fin abrí los ojos y me senté en la cama, mareado de sueño, me puse a mirarlo todo, según ella, como si de pronto estuviera en Sebastopol. Me dijo que me diera prisa y no armara bulla, que fuera al cuarto de baño de tío Ramón y me enjuagara la cara para espabilarme, y que mientras tanto ella me sacaría la ropa. Yo estaba tan aturrullado que puse el suelo del cuarto de baño perdido de agua y, al salir, di un resbalón que casi me desgracio. La Mary vino con mucho apuro y me dijo que si estaba carajote, que si quería despertar a toda la casa, que seguro que la gallaruza de la tata Caridad, que estaba en la cocina junto al agua hirviendo, me había oído y podía fastidiarse todo. Sólo había encendido la lámpara chica que yo tenía en la mesilla de noche y me dijo que tuviera cuidado para no ir dando trompicones. Había sacado del ropero el pantalón azul marino y la camisa blanca de manga larga que mi madre me ponía siempre cuando tenía que ir bien arreglado, y me enseñó una cinta ancha, también azul, que tía Victoria quería que me pusiera al cuello, como un lazo. Le pedí a la Mary que me dejase vestirme solo, que no mirase mientras me quitaba el pijama y me ponía los pantalones, pero ella me dijo que no fuera escrupuloso y que a ver si me pensaba que se moría de interés por verme el menudillo. Se había puesto muy guapa, con un traje colorado de tirantas que no le había visto nunca, con el pelo muy estirado y un moño muy bien hecho, y se había dado sombra de ojos y se había pintado los labios con un carmín que brillaba como si estuviera derritiéndose, y llevaba unos zarcillos de mucho vestir que parecían racimos de picotas y se había puesto tacones altos que le obligaban a andar de puntillas para no despertar con el taconeo a todo el mundo. Mientras yo me anudaba los cordones de los zapatos, ella fue al cuarto de baño y volvió en seguida con el peine de tío Ramón chorreando agua y un bote de colonia que había siempre en la bañera para frotarse el cuerpo después de enjuagarse y secarse bien, y me echó muchísima colonia en la cabeza, porque con el pelo tan fino y tan suave que yo tenía era imposible que me aguantase el peinado. Luego nos fuimos por el pasillo andando a tientas, porque no se podían encender las luces, y me contó que íbamos al salón de los espejos porque tío Ramón había conseguido coger las llaves sin que se enterase el abuelo y que aquello era más emocionante que si fuéramos contrabandistas. Y que tenía que estarme quietecito hasta que ella me avisara. Y entramos en el salón y me llevó con mucho cuidado hasta donde estaba, en trance, tía Victoria, y allí me dejó, en pie, a oscuras, mientras ella cerraba las puertas y por los balcones se metía aquel bochorno tan espeso que se podía pisar. De pronto, tía Victoria dio un suspiro bastante exagerado, como si el impulso artístico acabara de darle un empujón, y la Mary entonces encendió todas las luces y yo tuve que parpadear porque los ojos me dolían.

Cuando pude mirar bien, después de que toda aquella claridad dejara de arañarme, vi que la Mary y tío Ramón estaban sentados en el sofá tapizado de terciopelo granate, el uno junto al otro, ella muy tiesa y respingada, seguramente por la falta de costumbre, y él dejándose caer con mucha clase sobre los cojines, como si en su vida no hubiera hecho otra cosa que escuchar recitales. La luz de las arañas le pegaba mordiscos a los espejos y por eso en algunos sitios tenían como puñados de rasguños. Yo sabía, porque tía Victoria me lo había advertido en los ensayos, que no tenía que hacer nada hasta que ella no dijera, en un susurro muy dramático, escuchad, ha llegado Federico, a lo que luego seguía otra ración de trance, como decía la Mary, y después recitaba como sonámbula el título de la primera poesía, «Romance de la pena negra», y ya empezaba a declamar. Tío Ramón estaba muy elegante, con un traje de hilo de color tabaco que a la Mary la traía mártir porque todo el tiempo y todo el ahínco eran pocos para planchárselos, con una camisa crudita que parecía de papel de fumar por lo fina que era y una corbata de seda marrón con estampado en beis. Llevaba mocasines de ante y calcetines de color arena y también de hilo y así, medio tumbado en el sofá, con las piernas cruzadas, las manos entrelazadas sobre los muslos, con aquel bronceado tan bonito, peinado con fijador, y los ojos de color uva que brillaban como los de un gato con aquella claridad, parecía un anuncio de pitillos rubios americanos, de los que aparecían en las revistas extranjeras de tía Victoria, y eso que tío Ramón no fumaba. Parecía con ganas de disfrutar y sonreía como si estuviera cavilando una travesura.

Delante de tía Victoria estaba el atril con las hojas de papel barba en las que estaban escritas las poesías, y delante de mí un posapiés que estaba siempre en el dormitorio de la bisabuela Carmen, para que Luisa, la enfermera de noche, pudiese estirar las piernas y descansar, aunque no durmiera, y que habían cubierto con una tela roja y brillante para que pareciera más bonito y más lujoso. A tía Victoria le brillaba el cuello por el sudor, y yo pensé que le costaba trabajo abrir los ojos, como si el calor se los estuviera apretando. Separó los labios, le temblaron sin que acabaran de salirle las palabras, y por fin, en un murmullo la mar de misterioso, dijo:

—Escuchad... Ha llegado Federico.

Entonces la Mary me hizo la señal para que me subiera en el taburete y fuera pasando las hojas mientras tía Victoria, después de decir el título —«Romance de la pena negra»— iba declamando la poesía.

La voz de tía Victoria, de repente, era como las del cuadro de actores de radio nacional. Hacía con los brazos unos aspavientos muy escandalosos, y de vez en cuando se quedaba como traspuesta, como si la poesía se la estuviera inventando sobre la marcha y por un momento la hubiera dejado empantanada la inspiración. A lo mejor la inspiración andaba por allí, en el salón de los espejos, pegándose trompicones contra las paredes como un abejorro en un día de levante. Cuando volvía a decir el verso, era como si se le escapara por las buenas de la garganta y ella misma se llevara un susto de muerte. Yo iba leyendo las palabras una por una, y al mismo tiempo se las oía decir a tía Victoria, y estaba muy atento a no quedarme atrás ni adelantarme demasiado, y era como andar por encima del pretil de la azotea, con los brazos en cruz, guardando el equilibrio para no meterme un guarrazo de robajigos, como decía la Mary. Tía Victoria decía que la inspiración era muy repajolera, que lo mismo te viene como un retortijón, sin que te lo esperes, que se hace la remolona y te deja en un arrumbe malísimo. Aquella noche, sin embargo, la inspiración se fue portando bastante bien y yo fui cogiendo confianza y en seguida le cogí el tranquillo a la ciencia de pasar las hojas, en el momento justo, mientras tía Victoria recitaba.

Tía Victoria iba diciendo los versos con mucho arte y muchísima emoción, decía que iba corriendo por la casa como una loca y con las trenzas por el suelo de la cocina a la alcoba, o algo parecido, y yo empecé a mirar a la Mary y a tío Ramón porque algo raro les pasaba. La Mary seguía sentada muy derecha, como si acabara de tragarse la vara de medir, pero de vez en cuando se le escapaba una risita a destiempo y se ponía rebullona como si le estuvieran haciendo cosquillas en el portamantas. Por los balcones, se veía que estaba empezando a clarear, aunque aún sólo se notara un filito gris por los tejados de las casas de la Cuesta Belén; o tía Victoria se daba prisa con la inspiración, o la abuela, que estaría a punto de levantarse, nos pillaba in fraganti. La abuela pondría el grito en el cielo, y el abuelo saldría del cuarto de baño en albornoz para saber lo que estaba pasando, y seguro que nos daba a todos un escarmiento por habernos metido de madrugada en el salón de los espejos, sin respetar el luto por la bisabuela Carmen, y a lo mejor la Mary se tenía que buscar otra casa donde servir y a mí me devolvían al piso con mi padre y mi madre y Manolín y Diego, aunque me pasara el día más solo que la una, mientras Antonia y mis hermanos se iban a la playa y mi padre salía de pesca con Eligio Nieto y mi madre jugaba a la canasta en casa de las Caballero, un día detrás de otro, sin parar. Tía Victoria decía, a voz en grito, sin ninguna precaución, que tenía muslos de amapola, y a la Mary algo le repiqueteaba por debajo de los riñones porque pegaba respingos y no acababa de aguantarse bien unos grititos que se le venían a la boca como si tuviera un tiragritos, como un tirachinas, en la boca del estómago. Sólo de pensar que iba a quedarme solo en mi casa, sin ver más a la Mary ni a tía Victoria ni a tío Ramón, se me quitaban las ganas de seguir pasando las hojas de las poesías, aunque tía Victoria diese un traspiés y se quedase con los muslos no como amapolas, sino como ortigas. En los cuatro espejos del salón rebotaba la luz de las arañas como si fuera de goma, y en uno de ellos, el que estaba sobre el sofá donde se sentaban la Mary y tío Ramón, veía a tía Victoria peleándose con el trance, que iba a dejarla destrozada por la de retorcimientos que le obligaba a hacer, y me veía a mí, de medio cuerpo para arriba, con mi camisa blanca y el lazo azul al cuello y con el flequillo pegado a la frente por culpa del sudor. Tío Ramón tenía apoyada la cabeza en la mano izquierda, pero la mano derecha no se la podía ver, la tenía por detrás del cuerpo de la Mary y la movía casi sin que se notara, como si estuviera robando algo por allí. En los espejos que había entre las puertas que daban a la galería, frente a los balcones abiertos del salón, la noche se agarraba como si fuera un bicho. Tío Ramón se mordió un poquito el labio de debajo, como si con la mano derecha que yo no le veía estuviera escarbando en el sofá, por debajo de la Mary, y no acabase de encontrar lo que buscaba. Tía Victoria estaba preocupadísima, de pronto, con la pena de los gitanos; dijo aquello de oh pena de los gitanos por lo menos tres veces, como si se le hubiera encasquillado la gramola, y se tapaba los ojos con una mano, muy desesperada. Por la calle pasaba un carro, moviéndose con mucha dificultad, y se oían los pisotones del mulo en los adoquines. La Mary dio un chillido corto y débil, medio aguantado, como si no hubiera podido remediar que se le escapara. Se le cortó la respiración y apretó la boca y se le puso cara de susto, como si acabase de cometer un sacrilegio con aquel gritito mientras tía Victoria, llena de trance, no encontraba la forma de quitarse de encima la pena de los gitanos. Escuché un revoloteo que venía de la azotea, y luego vi que dos palomas se posaban encima de la baranda del balcón por el que yo veía el jardín del palacio de los infantes. Por encima de los árboles del jardín, parecía que la noche ya empezaba a desteñirse. La Mary fue recuperando, con mucho cuidado, la respiración y se le iba quedando cara de pastorcita de Fátima, como si empezara a tener apariciones celestiales. Tío Ramón seguía rebuscando por debajo de la Mary y no cambiaba nunca aquella sonrisita de calavera elegante y simpaticote. Allí estábamos los cuatro, tío Ramón y la Mary, tía Victoria y yo, los bichos raros de la familia, y seguro que tío Ricardo estaba espiando detrás de las puertas, mientras sus palomas empezaban ya, tan temprano, a dar la murga. Tía Blanca diría, con mucho arremangamiento de boca, Dios los cría y ellos se juntan; pero mucho mejor era estar allí, con tío Ramón y tía Victoria y la Mary, y con tío Ricardo detrás de la puerta, poniendo la oreja para ver si se enteraba de algo antes de empezar a hacer flexiones en calzoncillos en el recibidor, que con tía Blanca y su marido metiéndose el uno con el otro en su casa de Madre de Dios, o con mi madre jugando a la canasta con las presumidas de las Caballero, o con mi abuela aguantando a las visitas todas las tardes en el gabinete, o con tío Esteban teniendo que tragarse cada dos por tres el que tía Loreto, con todo su caché, le dijese delante de todo el mundo eres una inutilidad. Era mucho mejor, más divertido y más emocionante, estar con los bichos raros. Así que no tenía que darme vergüenza cuando se me ocurría que de mayor iba a ser un bicho raro, y por eso tampoco tenía que darme lástima el palomo cojo, que a saber dónde estaría, seguro que haciendo su vida por ahí, la mar de orgulloso por llamarse Visconti, contentísimo de tener un nombre a la moda italiana. De mayor, yo quería ser como tío Ramón y tía Victoria, aunque acabase como tío Ricardo, desayunando a las siete de la tarde y empeñado en hacer que las palomas aprendiesen gimnasia como las niñas de doña Pilar Primo de Rivera, qué más daba. Yo quería bailar el vals en el castillo del Aga Khan, vestido como el príncipe Michovsky, o decirle impertinencias al marqués de Villaverde, para que no se pensara que sólo él era de buena familia y podía tratar a los demás como si fueran estropajos. Yo quería estar toda mi vida allí, en casa de mis abuelos, leyendo *Mujercitas* y organizando de vez en cuando, a escondidas, una función de poesía en el salón de los espejos, y llegar a ser con el tiempo el secretario de tía Victoria, despachando con ella tan bien como lo hacía Luiyi, y escuchando con la Mary todas las tardes, mientras ella planchaba, los seriales de la radio, y dejando que me hiciera cosquillas en cuanto tío Ramón se fuera de nuevo a alternar con la alta sociedad y me prestara otra vez su dormitorio. Yo no quería, por nada del mundo, que me sacaran de aquella casa.

Claro que eso fue antes de descubrir lo de la sortija.

Porque de pronto me di cuenta de que tía Victoria ahora sí que se había atascado. Estaba traspuesta, seguramente, pero hacía morisquetas como si la hubieran echado al agua y no supiese nadar. Yo miré la hoja que estaba abierta en aquel momento encima del atril y allí ponía que un señor era hijo y nieto de Camborios. De aquel señor no había hablado tía Victoria en toda la noche.

A lo mejor aquello no era lo que tocaba. Como se me había ido el santo al cielo, seguro que me había equivocado yo. Era horrible. Tía Victoria, con el trance atravesado, con el trance lleno de equivocaciones, parecía que se estaba quedando sin aire y que en cualquier momento iba a darle una congestión. Yo miré a la Mary y a tío Ramón para que me ayudaran, pero ellos no se habían dado cuenta. Parecían en Villa Distracción, como decía mi madre cuando uno estaba en babia. Parecían hipnotizados. Los miré bien, de arriba abajo, para ver si les había dado algún paralís o se habían quedado electrocutados o algo por el estilo, y entonces lo vi.

Tío Ramón seguía rebuscando con la mano derecha por debajo de la Mary. Y ella, que respiraba bajito y con mucha dificultad, como si estuviera ajigada y no quisiera que se le notase, agarraba con la mano izquierda, y con mucha agonía, la bragueta de tío Ramón. Y en aquella mano, en el dedo meñique, que era en el único en el que le cabía, la Mary llevaba puesta la sortija que le habían robado a tía Victoria. El rubí de la sortija, que era un talismán para que se cumplieran tus deseos, como tía Victoria nos había dicho, hacía juego con el vestido de la Mary.

Y a mí me dio tanto coraje, y me entraron unas ganas tan grandes de llorar —porque la Mary me había engañado, y porque tío Ramón se dejaba manosear por una criada, y porque el talismán de tía Victoria estaba en el dedo de aquella fresca, y porque no habían contado para nada conmigo— y cogí un berrinche tan fuerte que tiré el atril de un empujón y me puse a gritar:

—¡Cochambrosa, cochambrosa, cochambrosa...!

Me bajé del taburete, descompuesto, y me fui para la puerta como si alguien viniera detrás de mí para molerme a palos. Y cuando abrí la puerta para echar a correr por la galería, escuché aquel ruido y los gritos apurados de tío Ramón y de la Mary, y me volví a mirar lo que había pasado, y era que a tía Victoria le había dado un jamacuco y se había caído redonda, desmayada.

Entonces apareció el abuelo, en albornoz, y muy serio, con aquel modo tan raro que tenía de enfadarse —porque cuanto más furioso estaba menos levantaba la voz—, dijo que a ver qué era aquello y quién se lo explicaba.

La maldición

Dije toda la verdad. Expliqué las cosas tal y como habían pasado y dije, sobre todo, que la Mary le había robado la sortija a tía Victoria. El abuelo me pidió que repitiera eso, pero que antes me lo pensase bien, porque lo que él más odiaba en el mundo era una calumnia. Pero yo sabía que no era una calumnia y miré al abuelo a los ojos para que me creyese y repetí:

—La Mary le robó a tía Victoria la sortija. Y anoche la llevaba puesta.

Estábamos en el escritorio, porque el abuelo las cosas importantes las despachaba allí. La abuela había ido a mi cuarto a despertarme, pero yo no había podido pegar ojo desde que el abuelo nos había pillado in fraganti —la tía Blanca decía siempre que Reglita Martínez tenía la santa habilidad de pillar in fraganti a todo el mundo, porque se presentaba en las casas a cualquier hora y sin avisar— y me había dicho tú vete ahora mismo a tu cuarto a dormir. La abuela también apareció en seguida y entre ella y la Mary se llevaron a tía Victoria a su habitación, y menos mal que la Mary tenía mucha fuerza, porque tía Victoria había perdido de verdad el sentido y estaba como un trapo, con los brazos colgando mientras la Mary y la abuela se la llevaban parecía el Descendimiento. Yo me hice un poco el remolón y oí cómo el abuelo le decía a tío Ramón, con voz de confesión pero mordiendo las palabras, tú y yo nos vamos ahora mismo al escritorio que tenemos que hablar. Me fui a mi dormitorio y me metí en la cama y no tenía ni pizca de sueño, estaba muy nervioso; con cualquier ruido me llevaba un sobresalto, como si temiera que fuese a pasar algo muy grave, como si la casa entera estuviese a punto de estallar. Por la ventana que daba a la azotea vi pasar a tío Ricardo en camiseta y calzoncillos y con un plato lleno de migas de pan para las palomas. Las campanas de la parroquia sonaron avisando con media hora de antelación para la primera misa de la mañana. Oí que alguien pasaba por la galería dando saltitos; sería la tata Caridad que había perdido una pierna mientras iba por la casa de excursión. Luego, al cabo de un buen rato, tío Ramón volvió del escritorio y vi que abría la puerta de mi cuarto para pasar al suyo, pero se arrepintió y la cerró en seguida y entró en su cuarto por la puerta que daba a la galería; seguro que estaba enfadado conmigo y no iba a perdonarme nunca. Corrió del todo las cortinas del cierro y su dormitorio se quedó tan oscuro que no pude ver si se quedaba en cueros vivos para acostarse, porque no encendió ninguna luz. Yo creo que lo hizo aposta. Porque seguro que tío Ramón me odiaba. Seguro que no volvía a hablarme en el resto de su vida, y la Mary tenía la culpa. La Mary era una cochambrosa y una ladrona, y le había cogido de pronto tanta tirria que no me dio ninguna lástima decírselo al abuelo.

Estábamos los dos solos en el escritorio, sin testigos, porque la abuela, después de vestirme y hacerme el desayuno y llevarme junto al abuelo, quiso quedarse conmigo, a mi lado, a lo mejor por si tenía que defenderme, pero el abuelo le mandó que se fuera y esperase en la salita de al lado. El abuelo iba trajeado como si le viniera una visita importante, estaba sentado en la butaca en la que siempre se ponía para meditar las cosas serias, junto al cierro, y me había pedido que me acercara para verme bien los ojos y descubrir si decía la verdad o intentaba engañarle. Le conté todo lo que había pasado, le dije que la Mary había robado la sortija, se lo repetí, y él en seguida se dio cuenta de que yo no mentía. De todas maneras, para darme una última oportunidad, me preguntó:

—¿Lo has pensado bien?

Le dije que sí con la cabeza. La moví con muchas ganas, para que viese que estaba completamente seguro de lo que le había dicho.

—Está bien. Siéntate en esa silla y no digas nada más, ¿me oyes?, nada más hasta que no te pregunte.

Hice lo que me mandaba. Me senté en la silla que me había señalado, enfrente de su mesa de trabajo, y él se quedó un momento pensativo y con cara de preocupación, como si tuviera que tomar una decisión grave. Luego, se levantó y se fue a la salita de al lado a hablar con la abuela.

Me quedé un rato solo y estuve mirando las cosas que había en el escritorio, porque allí había entrado muy pocas veces y nada más que para darle un beso al abuelo el día de su santo o cuando Manolín y yo hicimos la primera comunión. Era una habitación llena de muebles con cajoncitos para los papeles del negocio y de cuadros con fotografías de las viñas, las bodegas, los caballos y algunos trabajadores de mi abuelo. Junto al cierro, además de la butaca donde el abuelo se sentaba a meditar, había una mesa camilla muy grande, con seis sillones de rejilla alrededor, y allí era donde el abuelo tenía sus reuniones de hombres solos. Cuando volvió, después de haber estado un buen rato hablando con la abuela, me miró como diciendo ahora veremos cómo te portas, y luego se puso a revisar unas cuentas, en su mesa de trabajo, como si yo no estuviese allí. Con el abuelo en el escritorio, yo seguía mirando todo lo que había en la habitación y, sobre todo, los cuadros de las paredes, pero no era capaz de fijarme bien en lo que veía.

Sonaron unos golpecitos en la puerta que daba al patio.

—Adelante —dijo el abuelo, y guardó los papeles de las cuentas en un cartapacio de piel que tenía encima de la mesa.

Entró primero la abuela, después la Mary, y luego tía Blanca, que seguro que se las había arreglado para que la abuela se lo contase todo, porque tenía cara de estar sofocadísima. La Mary no parecía más apurada de lo corriente, y eso quería decir que la abuela no le había contado lo que yo había dicho, le diría que el abuelo quería hablarle y se pensaría que sólo iba a reñirle por lo de la noche pasada. La Mary era muy frescales con tía Blanca y con la abuela, si le echaban un rapapolvo se hacía la mártir resignada, como tía Blanca decía, y no se le veía el propósito de enmienda. Pero con el abuelo era diferente; al abuelo le tenía mucho respeto y por eso, aunque no se le notase un apuro grandísimo, sí que traía cara de magdalena penitente, como decía mi madre de su cuñada Emilia, que desde que se había muerto la infanta Beatriz, y ya no venía Boby Deglané a organizar la verbena «El y Ella», parecía que estaba todo el tiempo haciendo los ejercicios de san Ignacio. Lo único que la Mary, claro, no se esperaba lo que el abuelo de verdad iba a decirle.

El abuelo no se levantó, me miró un momento para recordarme en el jaleo en el que me había metido, y le clavó a la Mary en las niñas de los ojos aquella mirada que él ponía para impresionar.

—Voy a decírselo sin rodeos, Mary —el abuelo siempre trataba al servicio de usted—. Parece que no fue Luiyi, como usted decía y nos hizo creer a todos, el que cogió la sortija de la señorita Victoria. Parece que fue usted.

A la Mary se le puso la cara más blanca y más tiesa que una papalina de las monjas de la Divina Pastora.

—Parece que anoche la llevaba usted puesta.

La cabeza se le fue a la Mary de pronto para atrás, como si se le hubiera soltado un nervio o le acabaran de dar un guantazo.

—Tendrá que devolverla inmediatamente.

La Mary dijo un ¡ay! tan escandaloso que parecía que le estaban haciendo por dentro un destrozo grandísimo. Y después, desatada, y con lo hablanchina que siempre fue, se puso a protestar como una locomotora:

—¡Eso es una calumnia, don Guillermo! A mí nadie me llama ladrona. ¡Nadie! Una es más jonrá que el Prendimiento, entérese. ¡A mí que no me busquen delito! Yo no sé de dónde habrá sacado usted ese embuste tan gordo, don Guillermo. ¡Dígame quién se lo ha dicho! Por su señora madre que en paz descanse, dígamelo. Que lo diga en mi cara. Tráigalo usted aquí y a ver si tiene asaduras para decírmelo frente a frente. Tráigalo, don Guillermo, y que me lo diga a mí, si tiene valor. ¡Que me llame a la cara ladrona y soy capaz de arrancarle la lengua, por la gloria de mi padre!

A la Mary la voz le bajaba y le subía como un gorila pegando saltos. Y yo creí que iba a darle una embolia por lo roja que se puso de pronto y por el trabajo que le costaba respirar.

El abuelo, sin perder la compostura, le hizo una señal para que se callara un momento y no alborotase tanto. La Mary se estrujaba con las manos el delantal como si estuviera aguantándose las ganas de liarse a tortas con el primero que se le pusiera por delante. Se le saltaban las lágrimas y, cuando se calló, los dientes le castañeaban como si estuviera arrecida de frío.

El abuelo cogió un plumín de la bandejita donde tenía un montón de todos los tamaños, se puso a mirarlo con mucha atención, como si en aquel plumín estuviera la prueba, y cabeceaba de un modo que parecía que estaba dándole vueltas a alguna idea rara que se le había ocurrido de repente, como si tuviera dudas de si la Mary decía la verdad o mentía.

De pronto volvió a mirarme, se quedó un rato observándome con mucha seriedad y por fin me preguntó:

—¿Tú que dices?

Le miré las manos a la Mary y no llevaba la sortija puesta, pero no quería pensar que me lo había figurado.

—Que es verdad —dije—. La sortija la tiene ella. Y anoche se la puso en el dedo meñique de esa mano.

Y señalé la mano izquierda de la Mary con mucha decisión, como si yo mismo quisiera convencerme de que no lo había soñado.

La Mary, por un momento, mirándome con la boca abierta, se quedó como pasmada, pero luego pareció que le daba una apendicitis y se encogió y empezó a apretarse la barriga y volvió a ponérsele la lengua desatada:

—Chivato, mariquita, embustero, asqueroso. ¡Qué mentira más grande! ¡Qué boca más sucia! Qué bicho más malo eres, cochambroso. ¡Qué cara se te ha puesto de maricón!

El abuelo dio un puñetazo en la mesa y le mandó que se callase.

—Menos escándalo, Mary. Sólo tiene que decir la verdad.

—Ya le he dicho la verdad, don Guillermo —juntó las manos como si fuera a rezar y se quiso arrodillar delante de la mesa, pero tía Blanca y la abuela no la dejaron—. Si no me cree, avise a los guardias.

—A los guardias —dijo entonces tía Blanca tomando posesión del mando en plaza, como decía mi madre cuando tía Blanca se ponía a dar órdenes— los avisan las vecindonas. En las buenas familias estas cosas se arreglan en casa.

Tía Blanca dijo que ella y la abuela, sin perder un minuto, se iban con la Mary al cuarto de las criadas a registrarlo todo. La Mary se echó a llorar como si se le acabara de ahogar en un hundimiento toda la familia. El abuelo me hizo una señal muy categórica para que no me moviera de la silla. Tía Blanca y la abuela se llevaron a la Mary cogiéndola cada una de un brazo, y por el patio la llantina de la Mary era como el lililí del moro, un angustierío que daba grima y remordimiento.

Asustadas, las palomas que estaban picoteando por el patio echaron a volar, y Garibaldi, el perro de tía Victoria —que por lo visto seguía desmayada—, pegó unos ladriditos que parecían las toses de un trompetín hecho un escarque. El abuelo me dijo:

—Voy un momento a avisar a Manolo para que prepare el coche y a recoger unas muestras en la bodega. No se te ocurra moverte de aquí.

Y tardó mucho. Tardaron mucho la abuela y tía Blanca en volver con la Mary. En el escritorio hacía un calor raro, diferente al del primero o el principal, un calor que iba variando todo el tiempo, como si resbalara allí dentro, en un aire que no cambiaba nunca. A lo mejor me estaba subiendo la fiebre y era verdad que me había cambiado la cara, a lo mejor era cierto lo que había dicho la Mary, se me estaba poniendo la cara igual que la de Cigala, el manicura, y eso sería peor que una enfermedad y seguro que daba más calentura, como una vacuna podrida. A Diego, recién nacido, la vacuna de la polio se la pusieron podrida y estuvo a punto de morirse, él se lo contaba a todo el mundo. Me toqué en el brazo la vacuna de la polio para ver si estaba bien, sequita, y yo creí que me daba un pinchazo y me salía sangre, pero cuando me miré los dedos no tenía nada, sólo sudor. Allí, en el escritorio, sudabas mucho y no te dabas cuenta, era como si el calor que había dentro de aquel cuarto no fuera calor de verdad hasta que no se te metía en el cuerpo. Los cristales del cierro estaban pintados de blanco y no se veía la calle, si pasaba alguien por la acera sólo se veía su sombra como un fantasma. No podía acordarme bien de la cara de Cigala, pero sí de que tío Ramón escupía cada vez que Cigala le echaba un piropo. Tía Blanca decía que Cigala tenía siempre una cara muy peripuesta, una cara la mar de chistosa cuando se ponía en vena y a morisquetear, y que era un artista haciendo las manos. Mi madre, de chufleo, decía siempre que Cigala y mi tía Emilia se parecían una barbaridad. Y a lo mejor yo empezaba a parecerme a mi tía Emilia, después de todo era la hermana de mi padre. Pero yo había dicho la verdad, no me lo había inventado, vi la sortija de tía Victoria en el dedo de la Mary mientras le agarraba la bragueta a tío Ramón. La Mary había cogido la sortija, seguramente, el día en que tía Victoria echó a Luiyi y luego, descompuesta, se fue a su cuarto y le dijo a la Mary que tenía que tomarse un narcótico para poder dormir, y la Mary aprovechó que tía Victoria estaba narcotizada y luego se inventó que Luiyi había vuelto por unos papeles para echarle la culpa. Seguro que fue así. Seguro que encontraban la sortija en el cuarto de la Mary, en el ropero, en la mesilla, en el bolsillo de aquel vestido rojo que se puso para el recital de tía Victoria. Seguro que tía Blanca no dejaba ningún escondite sin registrar. Y empezaron a dolerme los ojos, no sé si por la fiebre o porque me entraban ganas de llorar y me aguantaba tanto que era como si los ojos me fueran a reventar si parpadeaba. A lo mejor el escritorio no lo ventilaban nunca y el aire estaba lleno de polvo que podía dejarte ciego. Tenían que ser ya cerca de las doce, y en Radio Sevilla estaba a punto de empezar *La perla de Madagascar,* aquel serial que a la Mary y a mí nos gustaba tanto, aquel día tocaba el capítulo decimocuarto, llevábamos la cuenta al dedillo, y el locutor a lo mejor ya estaba diciendo aquello que decía siempre, antes de cada capítulo, y que la Mary y yo nos sabíamos de memoria: La encarnizada violencia de la pasión llevó el perdón a sus corazones. Seguro que a la Mary no la perdonaban. Y seguro que tío Ramón no me perdonaba a mí. No querría ni mirarme a la cara, sobre todo si era verdad que se me estaba poniendo como la de Cigala, el manicura. Eso me había dicho la Mary, de lo rabiosa que estaba. Y allí dentro, en el escritorio, hacía tanto calor, un calor tan raro, que a lo mejor no era calor de verdad, era que yo tenía otra vez fiebre o, por lo menos, destemplanza.

Cuando el abuelo volvió al escritorio, yo estaba temblando, pero hice todo lo posible para que no me lo notase.

—Mal asunto —dijo él—. La sortija no aparece por ningún sitio.

Se quedó en pie en medio de la habitación, muy quieto, muy serio, y yo sabía lo que estaba pensando: Me has mentido.

Seguro que la Mary había escondido la sortija donde nadie la pudiera encontrar.

—Ahora va a venir la Mary otra vez —dijo el abuelo muy despacio, como procurando que yo entendiese bien cada una de sus palabras—. Si lo que has dicho ha sido una calumnia, te daré una oportunidad para que le pidas perdón.

Quería decirle que no había dicho ninguna mentira, que tenía que creerme, que la Mary llevaba muchísimo tiempo muriéndose por tener la sortija, diciendo lo bonita que era, y ponía una cara tan agoniosa que se le veía a la legua que estaba dispuesta a hacer lo que fuera para cogerla y guardársela y que le sirviera, como a tía Victoria, de talismán. Quería decirle que se fiara de mí. Que no me cogiera tirria ni odio ni asco porque no era una calumnia lo que yo había dicho. Pero es que si hubiera hablado una sola sílaba me habría echado a llorar como un descosido y yo no quería que el abuelo me viera llorando, no quería que dijese echa calumnias y encima llora como una niña, y además, si lloraba, lo mismo él pensaba que yo tenía remordimientos y me arrepentía sin querer reconocerlo y, con lo severo que era, no volvería a creerme ninguna otra cosa que dijera en la vida y no me querría ni ver ni me dejaría entrar nunca más en la casa. Así que me aguanté y hasta dejé de mirarle, para que no me diese la llantera al ver lo triste que estaba, y me puse a rezar como un tarsicio para que la sortija apareciera en alguna parte.

Pero la Mary, la abuela y tía Blanca entraron en el escritorio y en seguida me di cuenta de que no la habían encontrado.

—Nada —dijo tía Blanca, y era verdad lo que decía a veces mi madre, a tía Blanca le fastidiaba mucho equivocarse y no descubrir que la gente estaba en pecado mortal—. Como no la tenga amarrada de un hilo en el fondo del aljibe, otro sitio no se me ocurre.

Yo pensé que, con lo grandísima que era la casa de mis abuelos, la Mary podía esconder la sortija en el rincón más raro que se le ocurriera.

—Blanca —dijo el abuelo, dejando bien claro el disgusto que tenía—, no condenes a la muchacha si no puedes demostrarlo. A lo mejor no ha robado nada.

La Mary vio el cielo abierto. Me miró como si fuera una gladiadora que me había ganado la pelea en el circo romano, y después se encocoró igual que una gallina peleona.

—Yo no soy una ratera, don Guillermo —dijo, echándole en cara al abuelo, de muy mala forma, la equivocación—. Yo no sé qué mal bicho le ha picado a este niño para que la coja conmigo de esa manera. ¿Y sabe lo que le digo? En esta casa no hay nadie con más jonra que yo, aunque todos ustedes sean unos ricachones y yo más pobre que las ratas.

—Mary —el abuelo parecía de pronto más enfadado que nunca—, no le consiento que hable así. Si no le gusta esta casa, puede irse inmediatamente.

—Ahora mismo —dijo ella, y se dio media vuelta con tanto coraje que por poco tira a la abuela del empujón que le dio.

—¡Un momento!

Cuando el abuelo mandaba algo de aquel modo lo mejor era estarse quieto y esperar a que pasara el chaparrón, mi madre siempre lo decía. La Mary se quedó donde estaba, volvió un poco la cabeza para ver de refilón lo que quería el abuelo y pegó un sorbetón de pura corajina. Yo sabía que el abuelo me estaba mirando.

—¿Tú tienes que decir algo? —me preguntó.

Ni aunque me hubieran dado latigazos le habría pedido perdón a la Mary. Tragué saliva para que no se me escapara el berrenchín y dije, con toda la rabia que pude:

—Ella robó la sortija.

La Mary apretó la boca, se volvió muy despacio, como si alguien la estuviera agarrando para que no se desbocara, y se vino para mí con tanta lentitud y tanto tembleque que parecía que le costaba trabajo acercarse. Se agachó un poco para tener la cara a la altura de la mía, y me dijo, rebañando las palabras:

—Chivato, mariquita, cochambroso: júralo por tus muertos.

La abuela dijo ay, niño, por Dios, no digas eso, y yo me acordé de la bisabuela Carmen, y de que era la primera vez que la Mary me pedía jurar por mis muertos después de que alguien se me muriera, y me acordé de la Mary y tío Ramón sentados en el sofá, mientras tía Victoria se desencuadernaba por culpa de la pena de los gitanos y yo pasaba las hojas de las poesías de Federico como un vaina, y era como si estuviera viendo la mano izquierda de la Mary agarrándole la bragueta a tío Ramón y, en el dedo meñique, la sortija de tía Victoria, y que nadie me acusara de decir una calumnia, y volví a tragar saliva, para que no se me enguachinara la voz, y dije:

—Lo juro por mis muertos.

Y entonces me di cuenta. Me pegó un salto el corazón y creí que iba a desmayarme sin tener tiempo de decírselo al abuelo, a la abuela, a tía Blanca. Ya sabía yo dónde estaba la sortija. Me daban ganas de pegarme por carajote, por no haberlo pensado antes, por no haber tenido la ocurrencia en el primer momento. Allí estaba la Mary, agachada, con el botón del escote del uniforme desabrochado, enseñando la parte de arriba de los pechos, y allí era donde tía Victoria se guardaba siempre la sortija, hasta para dormir, porque para eso la sortija era un talismán.

Pegué un grito:

—¡La tiene en el canalillo de la pechera!

Y entonces la Mary vio que estaba perdida. Se llevó la mano al pecho con un montón de rabia y quiso salir corriendo, pero tía Blanca cerró la puerta que daba al patio y se puso delante con cara de fiera, y el abuelo se levantó en seguida para que la Mary no pudiera escaparse por la salita de al lado del escritorio. La Mary empezó a chillar como una avutarda, y decía que a ella no la tentara nadie, que no había marrana que le pusiera la mano encima, que si hacía falta se ponía a pegar bocados, que no había nacido la gachí que se atreviera a manosearle. La abuela, la pobre, estaba horrorizada. Y ella, claro, no se movió. Pero tampoco tía Blanca, porque el abuelo le hizo una señal para que se estuviese quieta. Luego, el abuelo dijo, con muchos bríos:

—¡Cállese!

Y extendió la mano con la palma para arriba, para que la Mary pusiera la sortija allí.

La Mary se calló, y de pronto parecía muy acobardada, y se puso a mirar por todas partes hasta darse cuenta de que no tenía escapatoria. Entonces, como si le hubiera entrado de repente el descontrol, ella misma se buscó en el canalillo de la pechera y sacó la sortija y la miró un momento como si fuera una cerilla para quemar toda la casa y la tiró después con tanta fuerza y tanto coraje contra el suelo que el rubí se soltó y se fue pegando botes hasta la pared del cierro. La Mary me miró como si quisiera envenenarme y me dijo:

—Chivato, cochambroso, malasangre, maricón. Así te zurzan el ojo del culo con una soga embadurnada de alquitrán. Y que se te encaje en las tripas un retortijón que te las deje como el escobón de desatascar el váter. Que se te engoñipe hasta la saliva que tragues, que se te llene la boca de gargajos y la lengua de ronchas, que por los dientes se te meta moho y por el ombligo te salga pus. Y que por la leche que mamé, niño, pichapuerca, no encuentres en tu vida ni una sola gachí que te ponga duro el bienmesabe, que con las hembras se te quede lacio como una bicha en invierno, y que hasta con los hombres se te ponga chiquitujo, seco y pellejón, y si alguna vez, por los cuernos del demonio, se te pusiera en forma el alfajor, que te entre una bulla tan grandísima que se te salga el gusto antes de catar, que tengas que aviarte haciéndoles gallordas a los barrenderos por una perra chica, y que te apedreen por cacorro, asqueroso y mamonazo.

Lo dijo de un tirón, sin dejar que tía Blanca le tapase la boca, sin escuchar siquiera lo que el abuelo le dijo —que tenía quince minutos para irse de aquella casa con todo lo que tuviera—, sabiendo que me dejaba solo y asustado, y que por culpa de aquella maldición yo me puse a pensar que estaba averiado para siempre.

El mundo está lleno de gente solitaria

Los dos pantalones de diario. El pantalón azul marino de los días de fiesta. Las cinco camisas, contando con la blanca de manga larga que había tenido que lavar y planchar la cocinera, porque la Mary lo dejó todo empantanado. Los dos pijamas. Los cuatro pares de calzoncillos y calcetines. Las dos camisetas de quita y pon, por si refrescaba, a pesar del calor que hacía. La media docena de pañuelos blancos. El yersi granate que a tía Blanca se le había quedado chico y que yo heredé y me estaba pintiparado, con lo que había crecido, aunque Antonia decía que al yersi se le notaban las hechuras de la mujer y a mí, para salir a la calle, me daba vergüenza ponérmelo, pero mi madre protestaba porque a ver a quién había salido yo tan jartible y escrupuloso. Los zapatos marrones de cordón y las sandalias de goma que mis hermanos y yo usábamos siempre para potrear. Y los tebeos de Roberto Alcázar y Pedrín, y *Mujercitas* —ojalá mi prima Rocío se olvidara de que me había prestado el libro y no me pidiera que se lo devolviese—, y la postal que Federico, no el de los versos, el otro, le había escrito a tío Ramón y yo iba a guardar, sin dejar que nadie la viera, como un tesoro. Eso era todo lo que tenía que llevarme y aquella mañana, la última que iba a pasar en casa de mis abuelos, antes de levantarme, tumbado en la cama boca arriba y con los ojos abiertos, lo repasaba de memoria porque la abuela me había advertido mil veces que no me dejase nada olvidado cuando mis padres vinieran a por mí.

—Estarás contento —me dijo la abuela—. A lo mejor hasta te hacen una fiesta para celebrar que vuelves a casa.

Pero ella sólo lo decía para que yo estuviese alegre.

Mi madre había venido a hablar con el abuelo y había estado con él más de una hora en el escritorio, confesándose, como decía tía Blanca, y supongo que hablaron de mí aunque nadie me lo dijo; ya no estaba la Mary para contarme las cosas que pasaban. Luego mi madre subió a verme y me dijo anda, gracioso, estarás contento de la que has armado, a ver ahora cómo me organizo yo hasta que empiece el curso. Y es que hasta el 12 de septiembre no empezaban las clases y, mientras tanto, o mi madre o Antonia iban a tener que quedarse conmigo en casa, así que o Manolín y Diego dejaban de ir a la playa y se quedaban en casa haciendo desavíos, o mi madre no podía organizarse y se quedaba con las ganas de ir a jugar a la canasta a casa de las Caballero. Ya se encargó mi madre de decirme por tu culpa esto va a ser una catástrofe, hijo, ya podrás estar satisfecho. Como si yo tuviera la culpa de que la Mary le hubiera robado la sortija a tía Victoria.

Mi madre había dicho que irían a recogerme al día siguiente, después de comer, y que lo tuviese todo preparado porque mi padre no podía entretenerse, tenía una clase particular a las cinco. Por la tarde, la abuela me ayudó a recoger mis cosas y guardarlas en la maleta de escai que me había traído de casa, sólo dejamos fuera una muda y una camisa para el día siguiente y el cepillo de dientes que era siempre lo último que había que guardar. Me dijo que mirase bien el ropero y la mesilla de noche para no dejarme nada y que tenía que estar contento, que no pusiera aquella carita de tristeza. Pero la verdad es que yo no estaba ni alegre ni triste. No tenía ganas de quedarme ni de marcharme. En casa de los abuelos ya no estaban ni la Mary ni tío Ramón, y tía Victoria llevaba tres días sin salir de su cuarto; a lo mejor se quedaba allí para toda la vida, porque la Mary me había dicho una vez que el abuelo no pensaba darle más dinero, que ya no le quedaba ni una acción de la bodega, porque todas las había vendido para pagarse sus viajes y sus secretarios, y que aunque le salieran contratos para dar recitales no iba a poder firmarlos porque no tenía cómo pagarse ni el billete del tren; yo pensé que cualquier día le ponían una enfermera a tía Victoria y se liaba a hablar de sus secretarios como la bisabuela Carmen hablaba de los bandoleros, porque la Mary me dijo que ella estaba segura de que eso era contagioso. Y para quedarme con tío Ricardo, que nunca se sabía por dónde andaba —y encima también podía contagiarte lo suyo—, o con los achaques de la tata Caridad, que ya no se movía para no desbaratarse y no quería más compañía que la del agua hirviendo, mejor me iba a mi casa aunque tuviese que aguantar todo el santo día el cafrerío de mis hermanos y las interjecciones, como decía Antonia, de mi madre. Además, tío Ramón me había dicho que no me preocupase, que todo en este mundo, hasta lo que tiene más guasa, tiene también su parte buena.

Eso por lo menos, lo de tío Ramón, sí que me había puesto contento. Claro que también él se había ido ya, el mismo día que echaron a la Mary, y a saber cuándo volvería a verle, pero había hablado conmigo y yo había visto que no me odiaba y me había regalado la postal de Federico, después de que yo le prometiera que no se la iba a enseñar a nadie.

Fue después de que echaran a la Mary, que menos mal que no me la encontré por la escalera. El abuelo me había pedido perdón por haber desconfiado de mí, pero me dijo que lo de la noche anterior merecía un escarmiento; que me fuera a mi cuarto y no saliera de allí en todo el día. Era un castigo que no me importaba, no tenía ninguna gana de ir de un lado para otro. Y cuando entré en mi habitación vi que tío Ramón acababa de afeitarse y de bañarse y que estaba haciendo su maleta. El también me vio en seguida.

—Vaya —dijo—. Menudo estropicio has organizado.

Yo creí que también él iba a reñirme, pero me miró la cara de mártir que había puesto y se echó a reír como si me hubiera gastado una broma para asustarme.

—Sonríe, hombre. No pasa nada. Quítate esa cara de huérfano, cualquiera diría que no tienes a nadie en el mundo.

Al principio, no sabía si se estaba burlando de mí, si lo que quería era que yo me confiase para, en un descuido, pegarme un guantazo del que me acordase toda la vida. Pero él se dio cuenta de lo que pensaba y me hizo un gesto como diciéndome que no fuera panoli, y me sonrió como sólo tío Ramón sabía sonreír —que ya lo decía la Mary—, y me guiñó un ojo y me hizo una señal con la mano para que me acercara y me dijo:

—Anda, ven aquí. Ayúdame a guardar las cosas.

Tenía los pelos chorreando y el agua le resbalaba por la espalda. Porque lo único que llevaba puesto era una toalla sujeta a la cintura y se notaba que debajo no llevaba ni calzoncillos. Se puso a mirar toda la ropa que tenía colgada en el armario, pero cada vez que cogía una chaqueta o un pantalón ponía cara de asco y la volvía a dejar en su sitio. A mí me parecía una ropa estupenda, pero la Mary me había dicho una vez que todo lo que allí se guardaba estaba pasadísimo de moda.

—Bah —dijo tío Ramón, y cerró el armario de un portazo—. Ya me compraré algo en Madrid.

—¿Vas ahora a Madrid?

—Ahora no. Pronto.

En la maleta tenía tan poca ropa como yo, pero la diferencia estaba en que yo me iba a mi casa, donde me había dejado todo el equipo, y tío Ramón se iba a recorrer mundo y a alternar con la alta sociedad.

—¿Te está esperando alguna señora en algún sitio?

Tío Ramón puso cara de sorpresa y se rió por lo bajinis.

—Hombre —dijo—, alguna habrá en alguna parte. Y si no, tampoco hay que volverse loco. El mundo está lleno de gente solitaria.

Era seguro que lo decía para hacerse el interesante. No había manera de figurarse a tío Ramón sin una señora o una gachí, o un montón de ellas, como en las fotografías que la Mary y yo vimos a principios de verano. Seguro que tío Ramón, cuando andaba por ahí, no estaba solo ni en el cuarto de baño.

—Ahora vuélvete un momento —me dijo—, que voy a vestirme.

Si en ese momento llega a estar allí la Mary, se desmaya. Tío Ramón iba a quitarse la toalla y se iba a quedar en cueros vivos, con todas las jechuras y el perejil al aire. Eso era lo que ella había estado esperando todo el tiempo. Eso era también lo que yo quería ver. Tío Ramón no podía pedirme que me volviera de espaldas.

—Anda, vuélvete. No quiero que tu tía Blanca aparezca por aquí y diga que te estoy pervirtiendo.

A mí no me importaba que me pervirtiera. Quería decírselo a tío Ramón. Quería pedirle que me dejase mirar. Pero no tuve más remedio que darme la vuelta y morderme los labios de coraje y pensar pestes de la tía Blanca, que mandaba hasta cuando no estaba delante. Escuchaba cómo se movía tío Ramón a mis espaldas y trataba de imaginarme cómo era él desnudo del todo, pero sólo conseguía verlo con la toalla puesta, como si se le hubiera quedado pegada a la cintura y no se la pudiera arrancar. Claro que, ahora que no me veía la cara ni yo se la veía a él, podía preguntárselo todo sin que me diese tanta vergüenza. Todo.

—Tío Ramón...

—Dime.

—¿Puedo hacerte una pregunta?

—Naturalmente.

A lo mejor era pecado preguntarlo, si me daba tanta vergüenza.

—Venga, dime, ¿qué pasa?

—No... Sólo una cosa.

más inocente

—Adelante.

—Tío Ramón, ¿qué sabe mejor, un hombre o una señora? ¿Una señora o una gachí? ¿Una gachí o un hombre?

Tío Ramón soltó un ja como si se le hubiera caído de la boca.

—Caramba. Caramba, caramba —me cogió de los hombros, me hizo que diese la vuelta, él ya estaba vestido, en cuclillas—. ¿Me puedes repetir la pregunta?

Ahora él me veía la cara y yo veía la suya, muy cerca, pero se la repetí:

—Digo que qué sabe mejor, ¿un hombre o una señora o una gachí?

Tío Ramón tenía cara de no haber oído esa pregunta en su vida. Volvió a ponerse de pie haciendo como que se lo pensaba mucho, igual que José Joaquín García Vela cada vez que le hacía una visita a la bisabuela Carmen y se armaba un lío para dar su opinión.

—Caramba, eso está muy bien —dijo—. Pero que muy bien. Es una pregunta estupenda. De verdad. ¿Qué sabe mejor? Pues... verás, en realidad, depende. Las señoras y las gachises saben a gloria, eso te lo digo yo. Y una vez conocí a un señor que sabía a queso manchego. Te lo juro. Sabía estupendamente.

Usa la misma lenguaje para responder

—Ya lo sé —dije yo—. Se llamaba Federico.

Tío Ramón me miró con cara de mucha sorpresa, como si no supiera de quién le estaba hablando. Y entonces le dije espera un momento, y me fui a mi cuarto y busqué la postal de Federico, y cuando se la di a tío Ramón él no se lo podía creer, la leyó por lo menos tres veces, y estaba claro que se acordaba la mar de bien de Federico, aunque a lo mejor hacía mucho tiempo que no sabía nada de él.

—Caramba, qué cosas escribía Federico —dijo, pero a mí no iba a hacerme creer que se le había olvidado del todo—. ¿Y tú de dónde has sacado esta postal?

Se lo conté, y le dije que me sabía de memoria lo que estaba escrito por detrás, y que no se la había enseñado a nadie. Y que la Mary me había dicho que aquello a ella le olía a chamusquina. A tío Ramón no le sentó nada bien lo que le conté que había dicho la Mary.

—La Mary era una estúpida. Qué más quisiera ella parecerse a Federico. Qué buena gente era este hombre. Un señor.

Se quedó un momento pensando y luego se le escapó una sonrisita traviesa y dijo:

—Sólo tenía un defecto.

—Ya lo sé —me acordé de tía Victoria—. Tenía opiniones.

—¿Cómo dices?

—Tía Victoria también me dijo que había tenido un secretario sensacional, pero con un defecto. Opiniones.

Por lo visto, tío Ramón se estaba divirtiendo mucho con todo lo que yo le decía. No hacía más que reírse.

—Esta familia dice unas cosas fantásticas. Pero tener opiniones es sólo un defectillo, créeme. El defecto de Federico era mucho peor. No tenía suficiente dinero.

Eso sí que parecía un defecto gordo, la verdad. Como me dijo tío Ramón, si no tienes dinero, no sabes a nada.

También me dijo que, por desgracia, a veces los hombres con más defectos son los más interesantes, así que tampoco tenía que hacerle a él demasiado caso, y luego me pidió que le prometiera que no iba a enseñarle la postal a nadie.

—Te lo prometo.

—Está bien. Ya veo que te gusta. Te la regalo.

Le habría dado un beso. Un beso como una catedral. Pero de pronto pensé que a lo mejor la Mary tenía razón y se me había puesto una cara clavada a la de Cigala, el manicura, y tío Ramón a Cigala le tenía una tirria espantosa. Pero algo le tenía que decir, tenía que darle las gracias de otra manera, y no sólo diciéndole gracias, que eso me parecía muy soso; quiero decir que, aunque de verdad me pareciera a Cigala, como había dicho la bruja de la Mary, me moría de ganas por darle un beso a tío Ramón. Y lo único que se me ocurrió fue ponerme a mirarlo como el perro callejero miraba al palomo en la postal de Federico.

—Caramba —dijo tío Ramón, mientras cerraba la maleta—, ¿por qué me miras así?

—¿Puedo decirte otra cosa?

—Claro que sí. Dime.

Tenía que decírselo, aunque me escupiera.

—Tienes unos ojos preciosos.

Pero no me escupió. Así que no me parecía al manicura. Porque tío Ramón escupía cada vez que el manicura, cuando se lo encontraba por la galería, le echaba un piropo. Eso sí, se puso otra vez a reír, pero así llevaba todo el día.

—Gracias, beibi —me dijo, con todo su gancho y todo su caché. Eso de beibi era inglés.

Y me revolvió el pelo, que eso a mí sólo me gustaba cuando me lo hacía él, y seguro que no me dio un beso porque, claro, yo tenía un defecto muy grave: en la alcancía no me quedaba ni una peseta.

—Tú llegarás lejos —me dijo tío Ramón—. Muy lejos, sobrino.

Le dije que no se hiciera ilusiones, que la Mary me había echado una maldición. Tío Ramón no salía de su asombro.

—¿Una maldición? Esta sí que es buena. ¿Qué clase de maldición te ha echado la fiera de la Mary?

A él no me importaba decírselo.

—Que no se me empine nunca el alfajor ni con señoras ni con gachises. Que a lo mejor se me empina con hombres, pero con mucha dificultad.

—Vaya, sobrino, eso no es tan malo —me dijo entonces tío Ramón, con mucha guasa—. Todo tiene su parte buena. Ya lo verás.

De modo que yo no tenía que ponerme triste. Porque hasta a lo que tiene más castaña, según tío Ramón, se le puede sacar provecho. Y eso era lo que yo pensaba aquella mañana, en la cama, jaroneando un poco, sin ganas de levantarme porque ya no volvería a dormir en aquel dormitorio ni en el de tío Ramón, ahora que él se había ido. En mi casa dormía en un cuarto con Manolín y Diego, yo en una cama grande con cabecero de metal y ellos en dos iguales y más pequeñas, de madera, y allí ni se podía leer *Mujercitas* tranquilo ni se iba Antonia a planchar por las tardes y a hablarme de sus novios. No comprendía cuál podía ser la parte buena de un cambio tan malo, pero si tío Ramón había dicho que todo, absolutamente todo, la tenía, seguro que era verdad.

En los últimos días, había empezado a refrescar por la mañana y por la noche y, entonces, se notaba un olor diferente en toda la casa. Desde las cocheras, que Manolo el chófer se encargaba de tener como los chorros del oro, iba extendiéndose un olor dulzón a cuero y gasolina que a veces se volvía la mar de empalagoso. En septiembre, cuando era la vendimia y abrían todas las puertas de la bodega del Barrio Alto para que entrasen los carros y los camiones con la uva, había días en que no se podía parar en la casa del olor tan fuerte que salía por todas partes y mi madre contaba que un año, cuando ella era pequeña, el mosto olía tanto que toda la familia tuvo que irse a pasar una semana en un hotel. Después, en invierno, el olor a vino casi no se notaba, pero uno entraba en casa de mis abuelos y se daba cuenta de que allí dentro el aire era diferente, a lo mejor un poquito pringoso, pero muy suave y tibio, como si no se moviera, por más que ventilaran las habitaciones. Mi casa, en cambio, no tenía ningún olor especial, ni en verano ni en invierno, a lo mejor porque mi madre tenía una manía horrorosa con la ventilación. Claro que, cuando yo volviera, tendría que andarse con mucho cuidado y procurar no ir abriendo puertas y ventanas al tuntún, porque ya había advertido el hijo de Sudor Medinilla que podía volverme la destemplanza en cualquier descuido que tuviera con las corrientes. La verdad es que, si hubiera estado tío Ramón, le habría preguntado cuál era la parte buena de volver a mi casa, porque no sólo era un engorro para todo el mundo, sino que para mí encima podía ser peligroso, en cuanto mi madre, con las prisas de irse a jugar a la canasta a casa de las Caballero, tuviese un desliz, como decía tía Blanca —estaba alteradísima porque la hija de su amiga Rosario Durán había tenido un desliz—, y lo dejase todo abierto sin acordarse de mi salud.

Miré para la azotea. El cielo estaba tan azul y tan tirante que parecía de loza. El poyete de la ventana estaba lleno de buganvillas resecas y de vez en cuando se movían un poco, señal de que había un soplo de aire, aunque la verdad es que yo no las veía moverse, pero sí que escuchaba el sonido que levantaban sobre la cal, como si estuvieran rascándola con mucho cuidado. Mi madre decía que en la familia Calderón todo el mundo tenía oído de tísico y que se veía a las claras que yo había salido a su gente. A veces, en casa, hacíamos apuestas, a ver quién escuchaba un ruido que no oyese nadie, y yo ganaba siempre, o presumía de oír el timbre del teléfono aunque estuviéramos en el lavadero, un montón de niños, cafreando como locos. Mi madre una vez dijo que a ella a veces hasta le daba preocupación saber que yo oía tantísimo, que parecía casi una enfermedad.

De pronto, en el poyete de la ventana, moviendo un poco todo lo que parecía tan quieto, se posó un palomo.

En seguida me di cuenta de que era el palomo cojo. Dio unos pasitos por el poyete y la verdad es que no se le notaba mucho que cojease. Pero era Visconti, eso seguro, tenía aquella pintilla de palomo litri, como decía la Mary —y que a lo mejor se la daba la cojera—, y parecía muy nervioso, como si estuviera deseando meterse en la habitación y mirase a todas partes para ver si alguien le veía. Yo me acordé de tío Ramón haciéndome un gesto y diciéndome ven, anda, acércate y no pongas esa cara de huérfano, que cualquiera diría que no tienes a nadie en el mundo. Me levanté muy despacio, con mucho tiento, para que el palomo no se espantase. En cuanto me moví, se me quedó mirando muy fijo y a mí me dio por sonreírle como si fuera una persona. Di dos pasos hacia la ventana, con los brazos caídos, para que Visconti no se figurase que quería echarle el guante, y a pesar de todo hubo un momento en el que creí que iba a echarse a volar, asustado. Moví un poco la cabeza, afeándole que no se fiara de mí. Casi sin abrir los labios, como si hablara solo, le dije picha, no te asustes, no voy a hacerte nada malo. Di otros dos pasos y esta vez Visconti no sólo no se asustó, sino que se subió en el listón de madera del marco de la ventana, con mucho desparpajo, se veía que estaba cogiendo confianza. Estaba tan cerca de mí y me miraba de pronto con tanta tranquilidad que me pareció que quería quedarse conmigo, porque se sentía tan solo como yo. Claro que a lo mejor eran imaginaciones mías. Porque dije en voz alta su nombre y el palomo, más despegado que un hijo fraile, como decía Antonia, ni se alteró, se veía que no le impresionaba nada tener aquel nombre tan precioso. También es verdad que el palomo sólo tenía un nombre, como los chiquillos de la calle. Los niños callejeros tenían sólo un nombre y un apellido, todo lo más dos, y los dos corrientes. Yo, en cambio, tenía tres nombres y ocho apellidos, todos estupendos, que en eso se le nota a una persona el pedigrí, como decía tía Blanca. Si a mí me quitaran los nombres y los apellidos sería como si me despellejasen, un martirio horrible que le dieron a san Inocencio y que el hermano Gerardo nos explicó cómo era y, para que calculásemos lo que dolía, nos pidió que cerrásemos los ojos y nos imaginásemos que nos estaban quitando con un alicate toda la piel y nos dejaban entero en carne viva. Claro que los apellidos no se pueden arrancar con alicates. Y además, seguro que una persona que tenga muchos nombres y apellidos es más difícil que vaya por ahí hecho un solitario, porque se puede llamar de una manera o de otra, y es como si se disfrazara, o mejor aún como si se dividiera en dos o en tres y de ese modo se hiciera compañía.

Me acerqué tanto a Visconti que creí que me iba a dar un picotazo.

—Tú te llamas Visconti —le dije—. Yo me llamo Felipe Jesús Guillermo (por mi abuelo, que era mi padrino) Bonasera Calderón Hidalgo Ríos Núñez de Arboleya (apellido compuesto) Lebert Aramburu Gutiérrez.

Visconti ni se inmutó.

—No seas desagradecido, caramba. Cuando te sientas solo, vienes y te presto los apellidos que más te gusten.

Visconti levantó la cabeza, le pegó un picotazo al aire como si dijera guárdate el pedigrí y esa patulea de apellidos en la tartera de la piriñaca, mariquitazúcar, y echó a volar como si temiera contagiarse. Como si yo pudiera pegarle alguna enfermedad.

Entonces me di cuenta de verdad de lo solo que me había quedado, y de que seguramente me tocaba ser una de esas personas que andan solitarias por el mundo.

En aquel momento, me habría echado a llorar, pero entró la abuela a decirme que ya era hora de desayunar y que qué hacía con esa cara de pena.

—Aquí puedes volver cuando quieras —me dijo, y me revolvió el pelo—. Desde ahora, éste será tu cuarto.

Pero yo sabía que ya nunca iba a ser lo mismo.

Últimos Fábula

104. El amor
Marguerite Duras

105. No sé si casarme o comprarme un perro
Paula Pérez Alonso

106. Griego busca griega
Friedrich Dürrenmatt

107. Annie Hall
Woody Allen

108. Mundo del fin del mundo
Luis Sepúlveda

109. Carta a mi juez
Georges Simenon

110. Borges.
Esplendor y derrota
María Esther Vázquez

111. Siete manifiestos Dadá
Tristan Tzara

112. La gran bonanza de las Antillas
Italo Calvino

113. El valle del Issa
Czeslaw Milosz

114. Las noches del Buen Retiro
Pío Baroja

115. Bouvard y Pécuchet
Gustave Flaubert

116. Hablaba con las bestias,
los peces y los pájaros
Konrad Lorenz

117. Groucho & Chico abogados
Groucho Marx

118. Matemática demente
Lewis Carroll

119. La Celestina
Versión teatral de Luis García Montero
Fernando de Rojas

120. Manhattan
Woody Allen

121. Adiós, luz de veranos
Jorge Semprún

122. La perspectiva como forma simbólica
Erwin Panofsky

123. La visita de la vieja dama
Friedrich Dürrenmatt

124. Un disgusto pasajero
Françoise Sagan

125. El aire de Chanel
Paul Morand

126. El orden del discurso
Michel Foucault

127. Malena es un nombre de tango
Almudena Grandes

128. Bajo el volcán
Malcolm Lowry

129. Cuando el hombre encontró al perro
Konrad Lorenz

130. La lentitud
Milan Kundera

131. El juez y su verdugo
Friedrich Dürrenmatt

132. Por último, el cuervo
Italo Calvino

133. Contra las patrias
Fernando Savater

134. Una chica cualquiera
Arthur Miller

135. El contexto
Leonardo Sciascia

136. Escribir
Marguerite Duras

137. Fuego de marzo
Eduardo Mendicutti

138. Oración por Owen
John Irving

139. Diario de un killer sentimental
seguido de *Yacaré*
Luis Sepúlveda

140. Hannah y sus hermanas
Woody Allen

141. La viuda Couderc
Georges Simenon

142. Los cornudos
del viejo arte moderno
Salvador Dalí

143. El arte de la novela
Milan Kundera

144. De jardines ajenos
Adolfo Bioy Casares

145. Las normas de la casa de la sidra (Guión)
John Irving

146. Recuerdos
Woody Allen

147. Sobre el porvenir
de nuestras escuelas
Friedrich Nietzsche

148. El atentado
Harry Mulisch

149. El nacimiento de la filosofía
Giorgio Colli

150. Los «Drácula»
Vlad Tepes, el Empalador, y sus antepasados
Ralf-Peter Märtin

151. El lugar del hijo
Leopoldo María Panero

152. La muerte de Belle
Georges Simenon

153. Mientras nieva sobre los cedros
David Guterson

154. Patagonia Express
Luis Sepúlveda

155. La última noche que pasé contigo
Mayra Montero

156. Imágenes
Ingmar Bergman

157. Yo, Pierre Rivière...
Michel Foucault

158. Los papeles de Aspern
Henry James

159. El mágico aprendiz
Luis Landero

160. El primer trago de cerveza
y otros pequeños placeres de la vida
Philippe Delerm

161. Barrio negro
Georges Simenon

162. La identidad
Milan Kundera

163. El palomo cojo
Eduardo Mendicutti

164. La señorita Smila
y su especial percepción de la nieve
Peter Høeg